伊豆極楽苑 → P.10

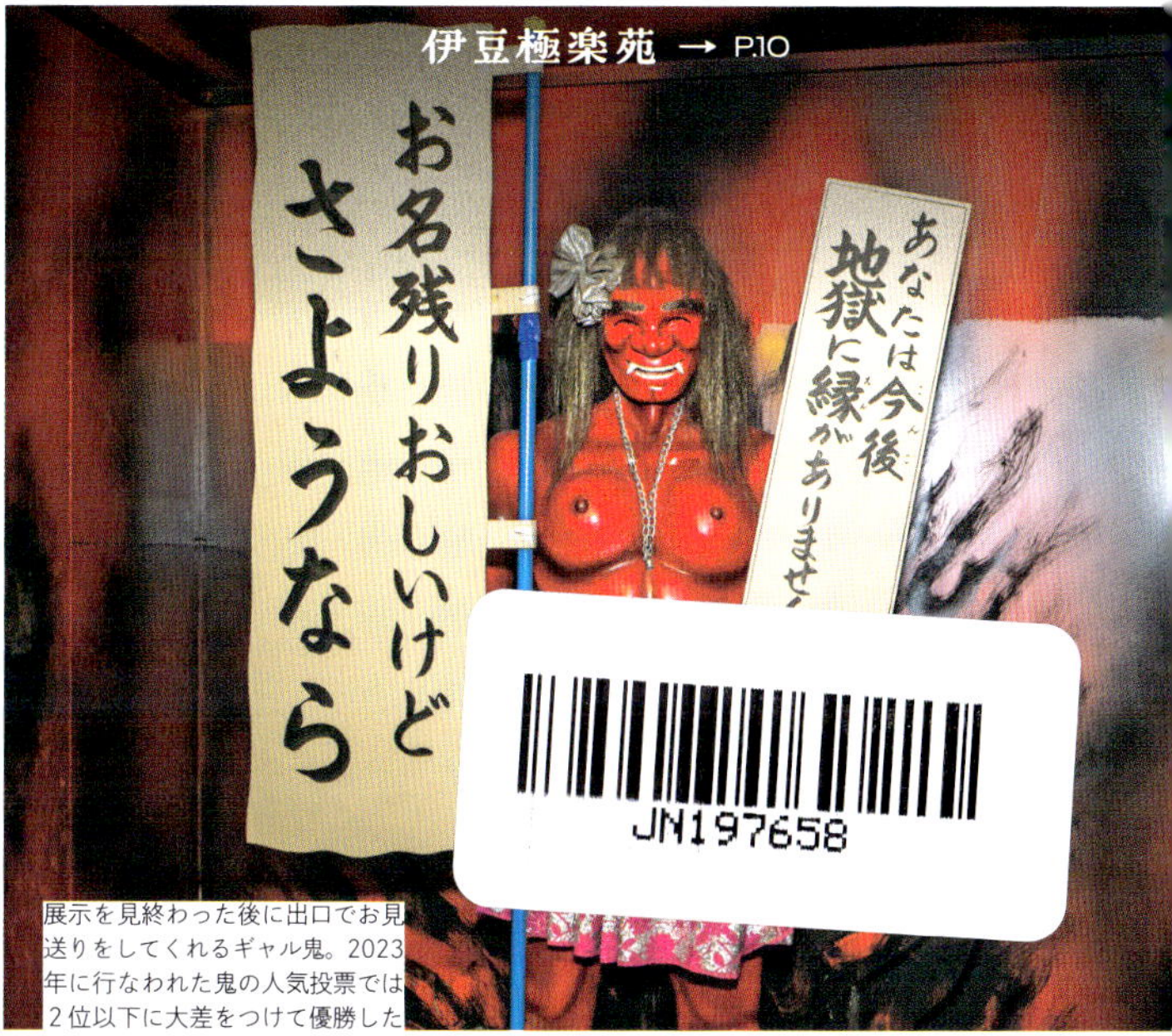
お名残りおしいけど
さようなら
あなたは今後
地獄に縁がありませ

展示を見終わった後に出口でお見送りをしてくれるギャル鬼。2023年に行なわれた鬼の人気投票では2位以下に大差をつけて優勝した

地獄巡りを終えた最後は、すべてが金色に輝く極楽へ。しかし、よく見るとここには人がひとりもいない。もしや極楽とは誰もたどり着けないのでは……

命と性ミュージアム → P.28

骸骨と記念写真を撮影できるスペース。このようにミュージアム内は、性だけでなく命についても考えさせられる展示がところどころにある

同じ人形に別々の衣装を着けて展示。「コスプレで雰囲気を変えたら夫婦のマンネリ性生活も新鮮に感じるかもしれないよ」という今井館長

大道芸術館 → P.46

1階にはデコトラの内装をイメージした貸し切り可能なVIPルームがある。ここでは、貴重な昭和のレーザーカラオケが楽しめる

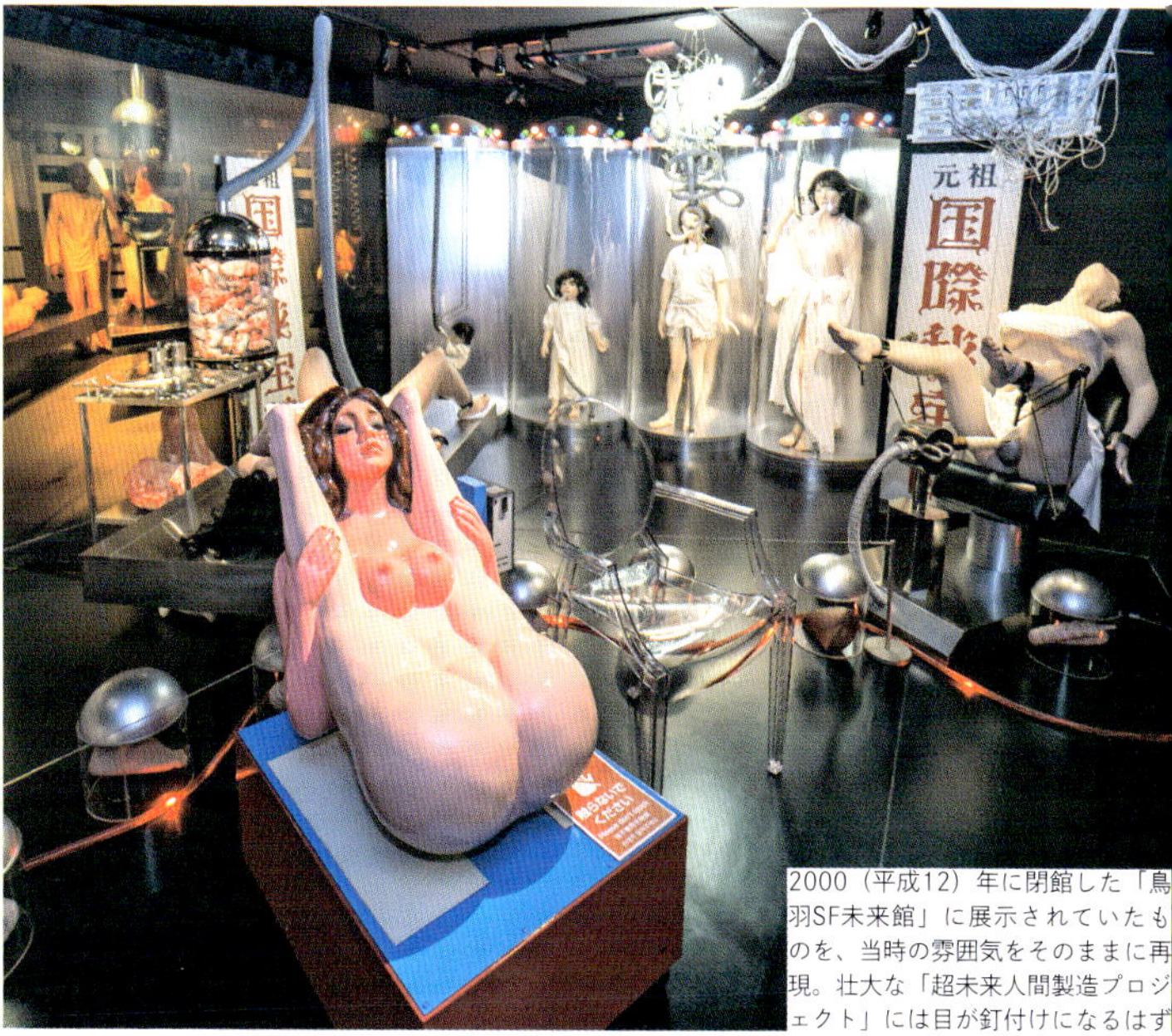

2000（平成12）年に閉館した「鳥羽SF未来館」に展示されていたものを、当時の雰囲気をそのままに再現。壮大な「超未来人間製造プロジェクト」には目が釘付けになるはず

文身歴史資料館 → P.64

三代目彫よしさんは、外国にも熱烈なファンが多い。写真はイタリアの出版社が制作した写真集

物だけでなく、暗殺や処
どをテーマにした日本画
、高い評価を受けている
しさん。写真の日本画に
れた血は、彫よしさん本
血液を使っている

明治期から戦後まで日本では刺青が禁止されたが、外国からは芸術作品として大きな注目を集めた。かんざしに手をやる女性の仕草と背中の和彫りに独特の色香を感じる

まぼろし博覧会 → P.82

「男性でビキニ焼けがあるのは僕ぐらいじゃないですか」と語るセーラちゃん。確かにこんがりと焼けた素肌がまぶしい

貴重な動物の剥製とマネキン人形が無造作に詰め込まれた「安井大サーカス」という展示。どこから見たらいいかわからない混沌さは、まぼろし博覧会の真骨頂といえる

怪奇骨董秘宝館 鴨江ヴンダーカンマー → P.100

「一人一殺主義」を唱えて、政財界の要人を暗殺した血盟団のメンバーたち。井上日召の名前は教科書で見たことがあったが、写真を見たのは初めてだった

アメリカの作家が作ったUMA（未確認生物）の剥製。顔の骨はサルで、皮と歯はアンコウを使用している。体は背びれの鋭さから推測するとタイの可能性が高い

陸上自衛隊広報センター りっくんランド → P.120

りっくんランドの対戦車ヘリコプター「AH-1S」は搭乗可能。写真のコックピットには、帽子をかぶった小さな男の子が乗っている

屋外にはズラリと戦車や自走砲が並ぶ。74式、90式、10式と3世代にわたった戦車が一堂に会している光景は圧巻だ

送水口博物館 → P.138

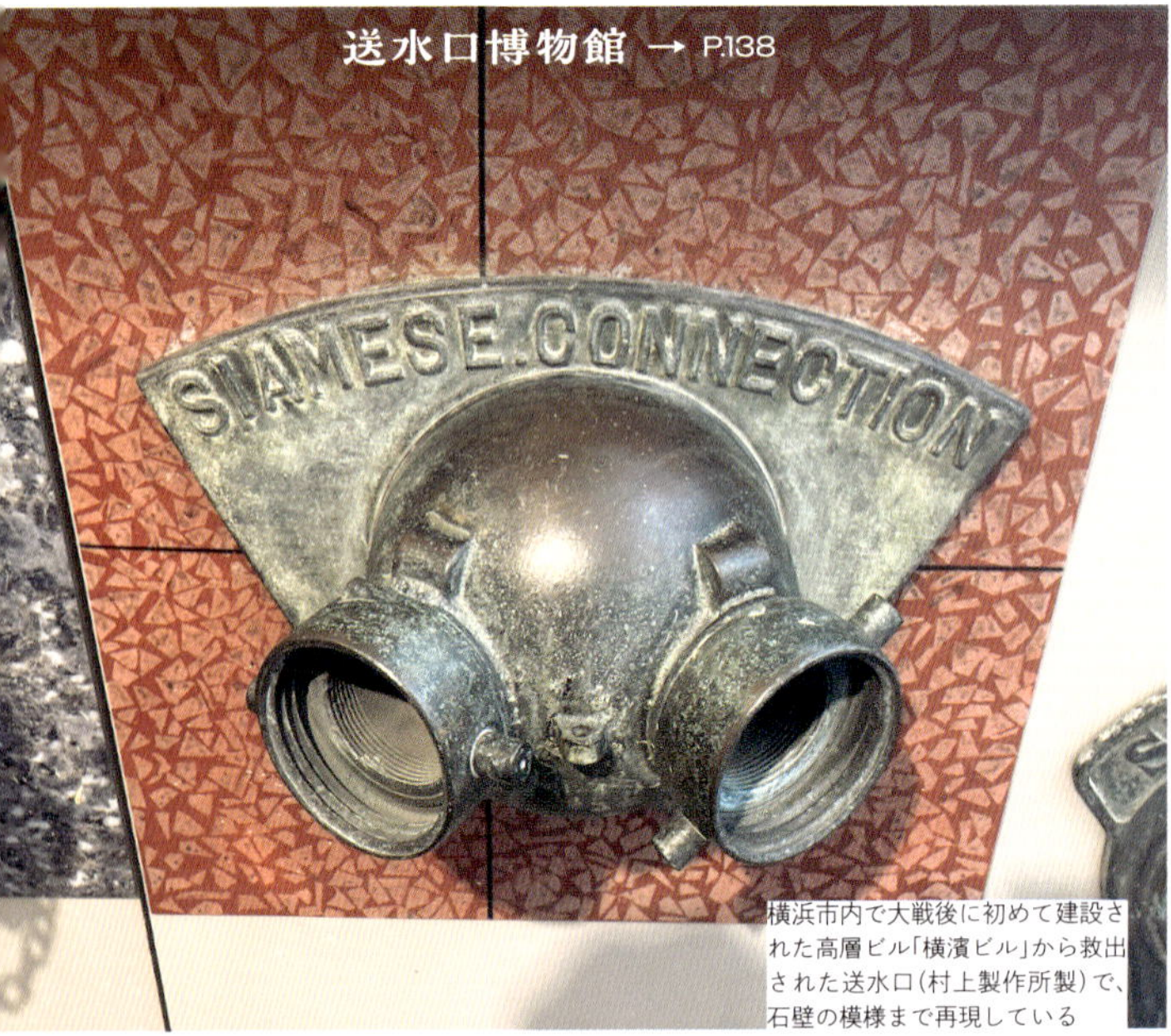

横浜市内で大戦後に初めて建設された高層ビル「横濱ビル」から救出された送水口（村上製作所製）で、石壁の模様まで再現している

送水口博物館が開館するきっかけともなった旧ブリヂストン本社ビルの送水口。博物館では、この送水口等を磨くイベントも開催されている

時刻表ミュージアム → P.156

今も根強い人気のある寝台特急「富士」を再現した壁。ブルートレインの青色は、歴代の新幹線にも使われている青20号という国鉄色のひとつ

昔、SLが引っ張っていたような小さな客車のボックスシートを再現。少し硬めのシートが郷愁を誘う

大勝庵 玉電と郷土の歴史館 → P.174

鉄道マニアならずとも、一度は座ってみたい玉電の運転席。今でも大塚さんはここに座ると自然と笑みがこぼれてくる

伊香保おもちゃと人形自動車博物館 → P.194

初代タイガーマスクが実際に着用していたガウン、ジャイアント馬場の使用していたリングシューズなどマニアには垂涎のプロレスミュージアムも併設

特徴的な角張ったボディから「ハコスカGT-R」と呼ばれた初代GT-R。今でもモーターファンからは名車と認定されている

哀愁のふるさと館 → P.212

野口英世の生家を1/13サイズで再現した模型では、家の中にある調度品も作り込まれている。写真の機織りは、実際に布を織ることができるというから驚きだ

福島県の旧塩川村（現：喜多方市）の村内を再現したもの。1日14時間をかけて製作し、完成までに7年かかったという

ジャパン・スネークセンター → P.232

2021年6月に縁あってJSCにやって来たトウブダイヤガラガラヘビのアルビノ(白化型)。半年ほどは不安のためか落ち着きがなかったが、今ではすっかり馴染んだとのこと

警察に押収されてやって来たトウブグリーンマンバ。キラキラと輝く緑色が美しいが、猛毒をもっている

秩父珍石館 → P.250

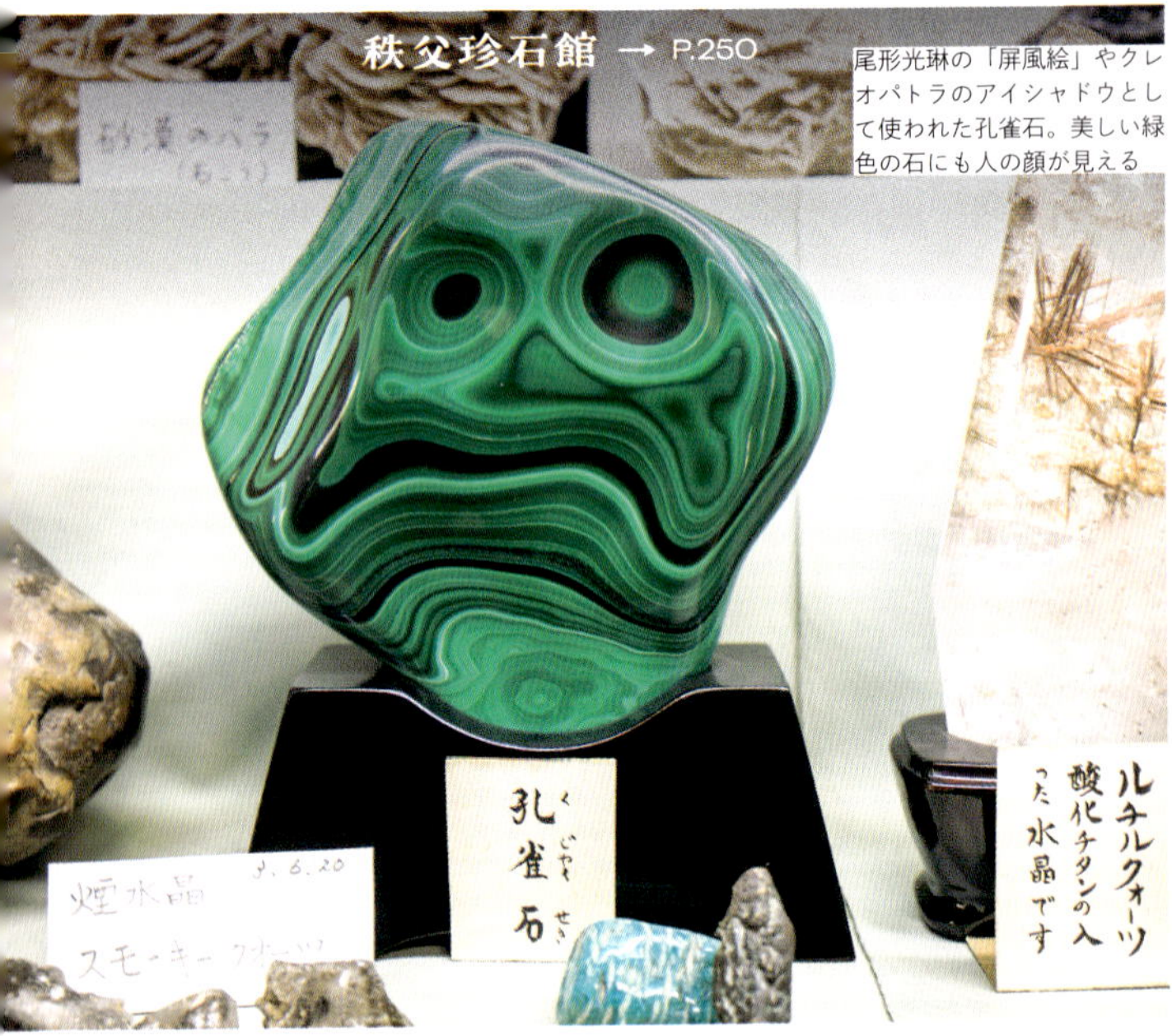

尾形光琳の「屏風絵」やクレオパトラのアイシャドウとして使われた孔雀石。美しい緑色の石にも人の顔が見える

珍石館ができるきっかけとなった人面石。今では「招福神童」と名づけられ、御神体として同館の奥に祀られている

岩下の新生姜ミュージアム → P.268

館内はとにかくピンク一色。あちこちに新生姜のマスコットであるイワシカちゃんが飾られており、立ち止まって撮影する人が多い

館内のレストランで提供されている岩下の新生姜の日御膳。そばはかわいいピンク色で、新生姜の天ぷらも付いている（期間限定メニュー）

インタビュー 都築響一さんに聞く!
「私設ミュージアムは、これからも生まれてくる」

→ P.287

珍スポットを世の中に紹介する『珍日本紀行』などの著作があり、大道芸術館のプロデューサーでもある編集者・都築響一さん。69歳になっても、その好奇心は衰えるところを知らない（写真提供／都築響一）

珍パク

関東近郊マニアック博物館の世界

大関直樹

ヤマケイ新書

はじめに

子どものころから、博物館や資料館が好きだった。特にマイナーなミュージアムには、たまらない魅力を感じる。お金をかけて、きれいな展示物が並んでいるところよりも、入館者が少なく、手書きの説明文が書かれているような場所に惹かれる。

ここ数年は、ライターとしてガイドブックを作ることが多かったが、できるだけマイナーな博物館や資料館を紹介するようにしていた。そんな折、『秩父ハイク』（山と溪谷社）の取材で訪れたのが、「哀愁のふるさと館」と「秩父珍石館」だった。

このふたつのミュージアムで話を聞いて驚いた。「哀愁のふるさと館」の逸見さんは、リアルな古民家模型にこだわるあまり、本物のクモを捕まえてきて巣を張らせているという。「秩父珍石館」の初代館長だった愛石家の羽山正二さんは、夢に人面石が現われて、「仲間が欲しいよう」と訴えてきたことがきっかけで博物館をオープンした。

どちらのエピソードも、ある意味で常軌を逸している。正直なところ、自分自身は古民家模型や人面石には、それほど興味があるわけではない。しかし、そうしたものに人生を捧げる姿には強く惹かれた。ただし、ガイドブックでは多くの施設を紹介するために、ひとつのミュージアムに割ける文字数は、せいぜい１００～１５０字程度。もっと、じっくりと話を聞いてみたい。そう思ったことが、本書を執筆するきっかけとなった。

　実際に取材を進めていくと、「へぇ～」「なるほど！」と驚かされるような話ばかり。送水口や時刻表といったものに、興味をもつことなど一生なかったかもしれない。それが珍パク（珍しい博物館）を訪れることで、新しい世界が開けたのだ。

　この本を手に取ってくれた読者の方も、そんな珍パクの魅力を感じてもらえたら、これ以上、うれしいことはない。

はじめに 2

1章 性・サブカル関連

伊豆極楽苑（静岡県伊豆市） 10
命と性ミュージアム（群馬県北群馬郡吉岡町） 28
大道芸術館（東京都墨田区） 46
文身歴史資料館（神奈川県横浜市） 64
まぼろし博覧会（静岡県伊東市） 82
怪奇骨董秘宝館 鴨江ヴンダーカンマー（静岡県浜松市） 100

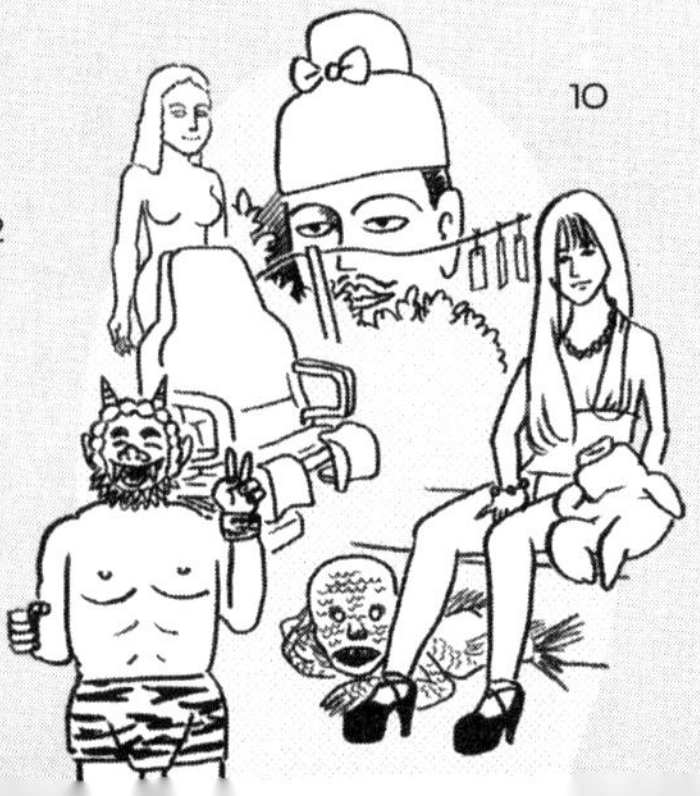

そのほかの珍パク〈性・サブカル関連〉 118

2章 鉄道・インフラ・軍事関連

陸上自衛隊広報センター りっくんランド（埼玉県朝霞市） 120
送水口博物館（東京都港区） 138
時刻表ミュージアム（東京都中野区） 156
大勝庵 玉電と郷土の歴史館（東京都世田谷区） 174
そのほかの珍パク〈鉄道・インフラ・軍事関連〉 192

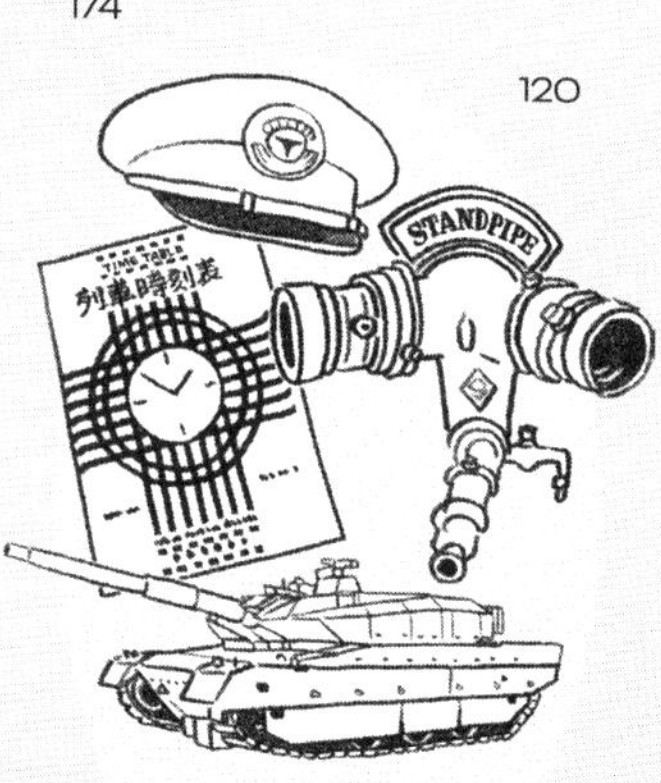

3章 昭和レトロ

伊香保 おもちゃと人形自動車博物館（群馬県北群馬郡吉岡町） 194

哀愁のふるさと館（埼玉県秩父市） 212

そのほかの珍パク〈昭和レトロ〉 230

4章 ヘビ・石・新生姜

ジャパン・スネークセンター（群馬県太田市） 232

秩父珍石館（埼玉県秩父市） 250

岩下の新生姜ミュージアム（栃木県栃木市） 268
そのほかの珍パク〈ノンジャンル〉 286
インタビュー 都築響一さんに聞く！
「私設ミュージアムは、これからも生まれてくる」 287
終わりに 302

＊本書に記載のデータは2025年2月時点のものです。発行後に変更になる場合があります。
事前にご確認ください。入館料は消費税込みの料金です。

アートディレクション・デザイン　相馬敬徳（Rafters）
カバー・本文イラスト　平井さくら
写真　中村英史
大関直樹
校正　戸羽一郎
編集　松本理恵（山と溪谷社）

1章

性・サブカル関連

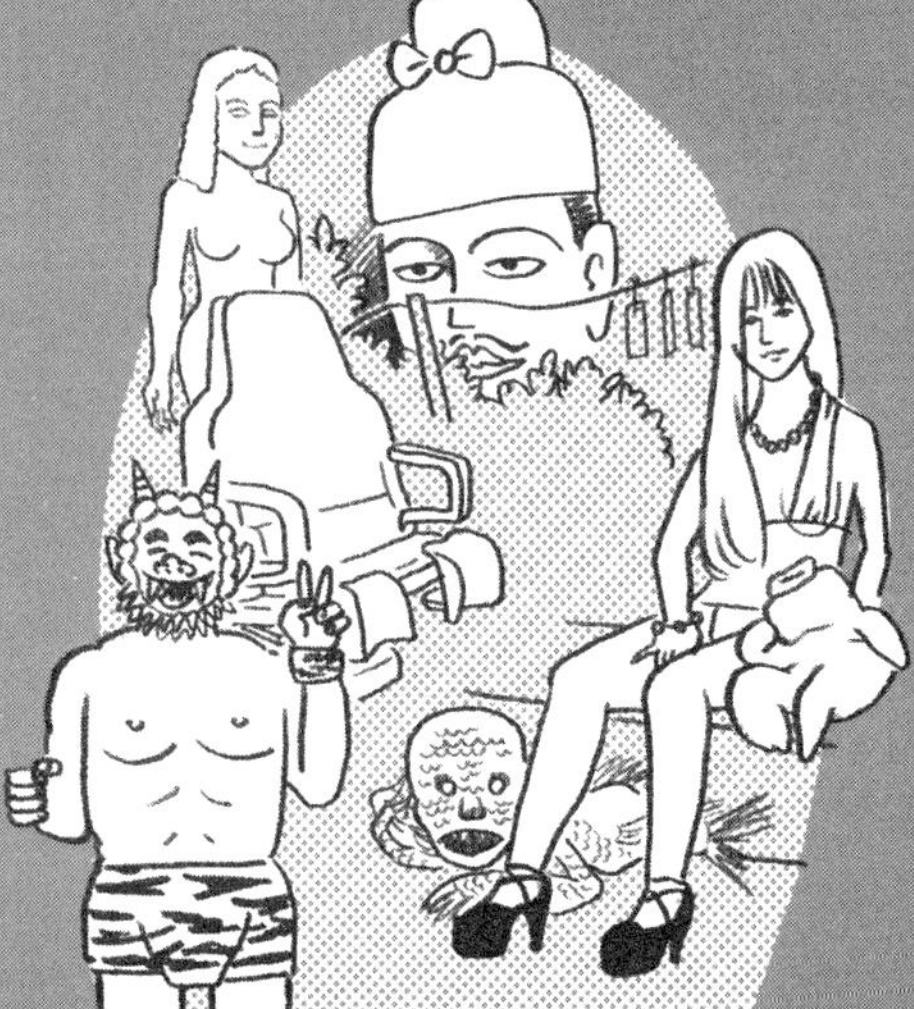

伊豆極楽苑

静岡県伊豆市

死後35日目に行なわれる裁判で会うことのできる閻魔大王。地獄のなかでも生前の罪を裁く仕事を受け持つ最重要スタッフ

私が初めて「地獄」を見たのは保育園のときだった。保育室の棚にあった絵本には、恐ろしい形相の閻魔《えんま》大王が、大きなヤットコで罪人の舌を引き抜く姿や、針の山や血の池で責め苦に耐えかねて泣き叫ぶ人々が描かれていた。背景には赤々と燃え盛る地獄の業火。その光景は、今でもぼんやりと記憶に残っている。子ども心に「悪いことはしないようにしよう」と思ったのだから、一定の効果はあったのだろう。

そんな地獄の世界を大小約300の人形を使ったジオラマで再現しているのが、「伊豆

写真／中村英史

極楽苑」だ。入館すると、まず畳敷きの広間に案内され、「人は死んだらどうなるのか」というテーマで5分ほどの説明を受ける。講師はスタッフの華扇《かせん》さんと彰洋《しょうよう》さん。華扇さんは、館長である青鬼丸《あおおにまる》さんの奥さんで、彰洋さんはその息子さんだ。

死後の魂の審査は四十九日かけて行なわれる

「伊豆極楽苑は、約1000年前に源信というお坊さまが書いた『往生要集』という書物を基に作られています。この書によれば、私たち人間の死亡率は100%。みなさんもご存じだと思いますが、誰でも死を迎えます」と彰洋さんが説明する。

今、私たちが生きている現世では、肉体と魂（幽体）は「末摩《まつま》」という目に見えない64本の糸でつながれているそう。この末摩がすべて切れてしまうと、肉体と魂が分離してしまう。それを「断末摩」と呼び、人生の終わりを意味しているという。

「そして、魂は肉体を現世に残したまま、来世に生まれ変わる前に審査を受ける必要があります。その結果、仏様のように善行を積んだ人は極楽へ。反対に悪行を重ねた極悪人は、地獄に直行し奈落の底に落とされます。ただし、よいことも、悪いこともした普通の

人は、さらに詳しい審査を受けなければなりません。その審査に49日間かかるので、四十九日法要が行なわれるのです」

仏教では生前の行ないによって、次の「六道《ろくどう》」のいずれかに生まれ変わるとされている。

地獄界……最も苦しみの激しい世界
餓鬼界……常に飢えと乾きに苦しむ世界
畜生界……弱肉強食の動物の世界
阿修羅界……絶えず戦い続ける闘争の世界
人間界……今、私たちが生きている世界
天上界……苦しみが少なく、快楽の多い世界

そして、成仏することで六道から解脱し、仏となって永遠の命を手に入れることができるという。

「それでは、49日間の裁判について説明します。期間中、7人の裁判官に1週間ずつ審査されるため、合計で49日間

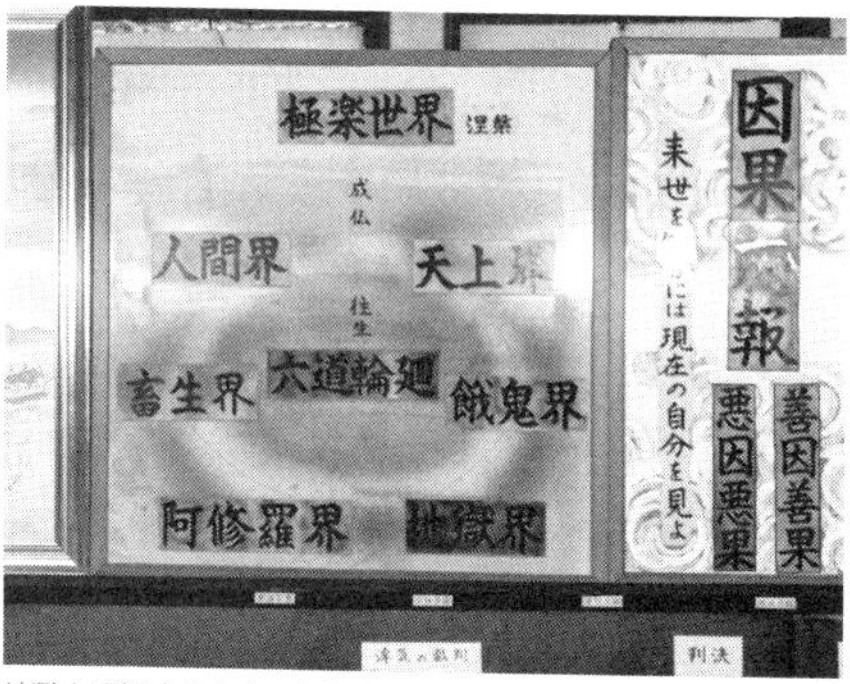

地獄を理解するために必要なキーワードがパネルに掲示されているので、わかりやすい。丁寧に書かれた文字も好感がもてる

六道のひとつ、餓鬼界。餓鬼は、食べ物や飲み物を食べようとしても、すべて燃えてしまうので、お腹がいっぱいになることがない

かかります。まず、現世と別れた後に最初に訪れるのが『死《し》出《で》の山』です。暗くて険しい山の中を、たったひとりで約3200㎞歩く旅に出ます、そして、最初にお会いするのが秦広王《しんこうおう》ですが、ここは書類審査だけなので、すぐに通過できるそうです。

次に待ち受けるのは有名な『三途の川』です。この川には3つの渡り方があることから、三途の川と呼ばれています。しかし、後世では4つ目の方法も生まれました。それは、鬼の船頭に六文銭を渡して船で川を渡る方法です。このエピソードが、『地獄の沙汰も金次第』という言葉の由来ともいわれています。今でも紙に印刷した六文銭を、棺に入れる風習が残っている地域もあります。なお、この三途の川を渡りきってしまいますと、Uターン禁止。生き返ることはできなくなります」

死後2週目に三途の川を渡ったところにいるのが、「奪衣婆《だつえば》」という鬼婆だ。彼女は、死者の服を剥ぎ取り、その重さによって罪の軽重を測るという。そして3週目は、浮気の裁判が行なわれるが、そこに登場するのが鋭い嗅覚をもつネコとヘビだ。もし浮気していた場合、男性には猫が、女性にはヘビが、それぞれの大事なところに飛びかかるといわれている。4週目には、「善悪の秤」で再び罪の重さを測られ、5週目には、ついに閻魔大王の前に立つことになる。ここでは、生前のすべての行ないが記された閻魔帳と、生前の真実の姿を映し出す「浄玻璃《じょうはり》の鏡」を使って、閻魔大王が嘘を見抜くといわれている。この時点で、どこの世界に生まれ変わるかがほぼ決まるが、閻魔大王はそれを教えてくれない。さらに、6週目に再審査が行なわれ、7週目に最終的な判決が下される。

「このとき、目の前に6つの鳥居が現われますが、これを『六道の辻』と呼びます。鳥居は、それぞれ六道のどこかに通じており、どの鳥居をくぐっても、自分に最も適した世界に生まれ変わるのです。よい行ないをすればよい世界に、悪い行ないを重ねると悪い世

死後3週間目に宋帝王によって行なわれる浮気の裁判。
足元にはネコとヘビの姿が見える

丸椅子が10脚ほどある広間で、死後の裁判についてレクチャーを受ける。
自分が死んだら、どの世界に生まれ変わるのか考えさせられる

界に生まれ変わります。まさに、私たちが今生きているということは、次にどの世界に生まれ変わるかを選んでいる途中だということです。このことを仏教では、『因果応報』といいます」

彰洋さんのお話は、とてもわかりやすくおもしろい。四十九日法要や、「地獄の沙汰も金次第」という言葉の意味も初めて知った。昔、六文銭というフォークグループがいたが、彼らの名前も三途の川の渡し賃からつけたのかもしれないと考えると、深い意味が込めら

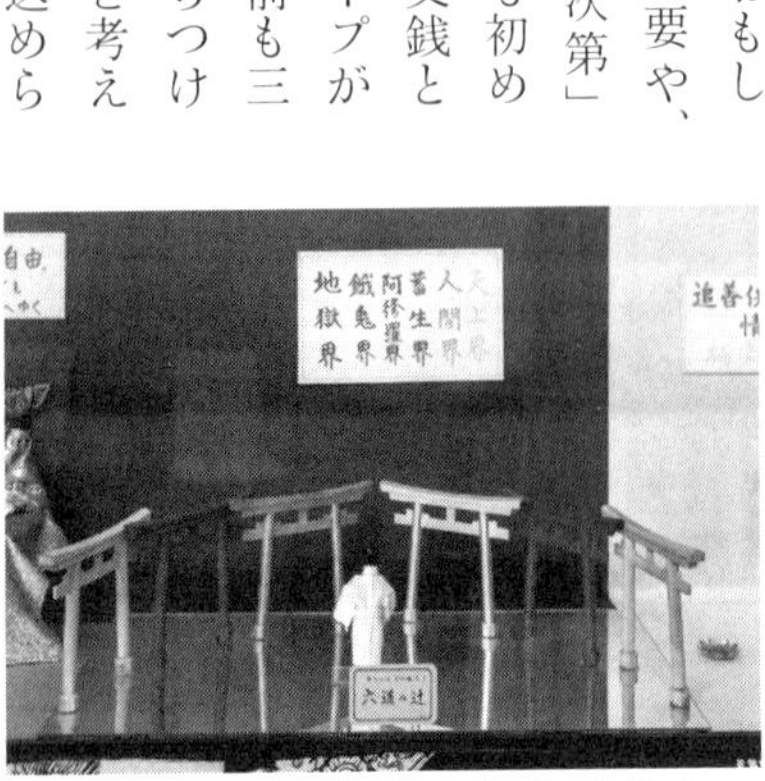

どの鳥居を選んでも行き先は同じ、ということがわかっていても悩んでしまいそう

レクチャーを受けた後は、いよいよ階段を上って地獄巡りがスタートする

れているように思えてくる。

階段を上って地獄に足を踏み入れる

1階の広間でレクチャーを受けた後、「死出の山」を模した階段を上ると、いよいよ地獄体験が始まる。最初に現われるのが三途の川だ。

「三途の川には3種類の渡り方があることは、先ほどお話をしました。罪のない善人は、橋を渡ることができます。少し罪のある普通の人は、山水瀬《さんすいせ》と呼ばれる浅瀬を歩き、罪人は、江深淵《こうしんえん》という深い場所を流されながら渡らなくてはなりません。どの方法で渡るかは、秦広王に指示されるそうです」

しかし、鬼にもお金を渡せば、誰でも苦労せずに三途の川を渡れるはずだ。なんとなく賄賂のような気がして、少しやましいが……。

「渡し賃の六文は、現在の貨幣価値にして150～300円ほどです。つまり、誰もが

親に先立って亡くなってしまった子どもたちが罪を償う賽の河原。ここも三途の川の手前側の岸（此岸＝現世）にある

三途の川にいる、奪衣婆と懸衣翁。伊豆極楽苑で販売している缶バッジでいちばん人気なのが、奪衣婆とのこと

船に乗れる金額に設定されているんです。六文のような少額のお金も、遺族や友人に棺に入れてもらえないような徳のない人は、船に乗れないという意味なのです」

そして、三途の川を渡りきったところで待ち構えているのが、奪衣婆と懸衣翁《けんえおう》だ。奪衣婆は川で濡れた服を脱がせ、懸衣翁がそれを木にかけて、枝のしなり具合を確認する。亡者の罪が重いほど、木がしなるからだ。もし服を着ていない場合は、皮を剥がれるとのことなので、死に装束は必ず着せてもらうようにしよう。ここで現世の服を脱がされると、その先は彼岸、つまり「あの世」

へと進む。

「ここが、うちの展示でいちばん人気のある閻魔大王です。やはり、子どもから大人まで、誰でも知っているので親しみがあるのかもしれません。ここで懺悔帳を書いて、日頃の行ないを反省することもできます。お子さんの書かれた懺悔は、ほほ笑ましいですね。『ウソをついてごめんなさい』とか、『お姉ちゃんのアイス食べてごめんなさい』とか（笑）」

そしていよいよ、この先には地獄が待っている。地獄は「八大地獄」と呼ばれて8つの層に分かれているが、最も軽い地獄が等活《とうかつ》地獄だ。この地獄の

懺悔台に肘をついて、日頃の行ないを懺悔してみた。
次から次へと罪が思い浮かぶため、なかなか立ち上がれない

等活地獄の鬼は、手に持った杖を突いて「活、活」という呪文を唱えると罪人が蘇るという。ちびっこも真剣な顔で見入っていた

特徴は、罪人同士がお互いに殺し合うが、何度死んでも生き返ってしまうこと。体が砕かれ、灰になってしまっても意識が残り、死ぬことが許されない。

「このような地獄が、あと7つあります。たとえば、浮気や邪念の罪を犯した人が堕ちる衆合《しゅごう》地獄には、『刀葉林《とうようりん》』という場所があります。そこでは、絶世の美女が木の上から『こちらにおいで』と誘うんです。登っていこうとすると、木の葉がすべて刃物になっていて、全身が血だらけでズタズタに。それでもなんとか頂上にたどり着くと、美女は消えており、今度は下から『おいで』と呼ばれ、延々とこれを繰り返すんです。

また、嘘をついた人が堕ちる大叫喚地獄で

は、舌をグーっと引き伸ばされて地面に敷かれ、釘で固定された後に、畑のように耕されるという責め苦もあります」

さらに八大地獄のなかで最も深く、苦しい地獄が「阿《あ》鼻《び》地獄」だ。ここは、絶え間ない責め苦が続くために、別名「無《む》間《げん》地獄」とも呼ばれている。具体的にどんな責め苦が行なわれているか、詳細はわからないという。なぜなら、現世の人間が聞いてしまうと恐ろしすぎて死んでしまうからだ。また、この地獄に堕ちるまでにかかる時間は2000年。今、地獄にいる罪人は、弥生時代の人たちということになる。

大釜で煮られる責め苦。ちなみに釜の中に入っているのは溶けた銅で、温度は1000度近くもある

鬼の足元にあるのは、罪人をミンチにして作られた肉団子。恐ろしいことに、この状態になっても死ねず意識があるという

地獄巡りを終えた後には、慈悲深い観音様が待っていた。
罰当たりだが、ちょっと色っぽいと思ってしまった

地獄巡りの後は、観音様に導かれて極楽へ

阿鼻地獄を抜けると、その先には観音様が出迎えてくれ、極楽浄土が広がっていた（巻頭カラーページ参照）。地獄巡りは、心をえぐるようなドギツさがあったせいか、光り輝く仏閣のジオラマを見ると心底ホッとする。

「ここが極楽です。うちは〝極楽苑〟という名前ですが、実際に極楽を展示しているのは、最後のこの部分だけです（笑）。極楽とは一年中過ごしやすく、望んだものがすべて手に入る、欲しいものが思っただけで目の前に現われるといわれていますが、地獄に比べると少しイメージが曖昧な感じですよね。やは

り、人間はつらいこと、苦しいことのほうが想像力が働くんですよね」

確かに、彰洋さんのおっしゃるとおりだ。地獄の責め苦の具体性に比べて、極楽のなんとあっさりしていることか。ところで、極楽は望むものがすべて手に入るということだが、何かを望むこと自体が罪に感じるのだが……。

「そうなんですよ！　本来極楽に行ける人は、欲望をもたないはずなんですよね。この矛盾が、まるで禅問答みたいでおもしろいんですよ。考えてみると、仏教の教えというのは二千数百年かけて、多くの人たちによって語り継がれてきたわけです。そうすると、メインの教えは変わらないものの、サブストーリーはいろいろとアレンジされるうちに矛盾が生じたのかなと思います。特に日本の仏教は多くの宗派に分かれていて、それぞれの解釈もありますから。しかし、それもまた日本文化の一部なんじゃないかなと思っています」

仏教のテーマパークとして
楽しんでください！
「うちはお化け屋敷ではありませんので、怖がらずにお越しください。地獄に心当たりのある方は、少し怖いかもしれませんが（笑）」と語る彰洋さん

団体旅行の減少で地獄を訪れる人も減少

伊豆極楽苑が誕生したきっかけは、館長の青鬼丸さんの父親が交通事故に遭ったことだった。内臓破裂という重傷を負い、生死の境をさまよう経験をしたことで、宗教や死後の世界に興味をもつようになったとのこと。その後、仏門での修行や四国八十八カ所巡りを続けるなかで、「あの世のことをわかりやすく伝える」施設を作ろうというアイデアがひらめいた。ただし、「地獄」という言葉が名前に入っていると、不吉でお客さんが来ないだろうということで、「極楽苑」と名づけたと華扇さんは語る。

「どこに施設を作ろうかと探していたところ、現在の場所でやらないかと声をかけてもらったんです。最初は展示物を人に頼んで作ってもらったんですが、なかなか自分たちのイメージどおりにならない。結局、自分たち

元は証券会社に勤務していたという華扇さん。まさか地獄の案内人に転職するとは思わなかったとか

で作ることにしました。基本的には、館内の展示物はすべて手作りです。主人は美術大学を卒業しているので、絵を描いたり、閻魔様の人形を作ったり。主人の父親は、亡者を一体一体手作りしていましたね。開園当初は隣にドライブインがあったので、観光バスもたくさん来ましたが、予算の関係で冷房が入れられず、夏場はお客さんから『本当にここは地獄だ』と言われることもありました（笑）」

仏像とB級スポット好きなみうらじゅんさんも訪れたようで、色紙が飾ってあった。その隣にはP46でご登場いただいた都築響一さんのサインも

極楽苑を運営するにあたって、一番の苦労は財政面だ。以前は観光バスの団体旅行が多かったものの、最近は年に1〜2回程度に減ってしまった。しかし、地獄マニアやB級スポットマニアの人たちが、ネットで調べて訪れることが増えてきた。そうしたお客さんからは、とても評判がいいとのことだ。

「来館者数は、年間で6500人くらいですかね。正直なところ1万人くらい来てくれると、もう少しラクになるんですが（笑）。できれば、今の形を維持し続けていきたいのですが、建物の老朽化が進んでいるのが悩みです」

最後に、どうしても気になっていたことをおふたりに尋ねてみた。ふたりは死後の世界や輪廻転生を本当に信じているのだろうか？

「死んでみないとわかりません（笑）。でも私は、何かあるんじゃないかと思っています。三途の川まで行ってきたっていうお客さんのお話を聞くこともありますし。そう考えると、悪いことはしないようになりますね（笑）」と華扇さん。

「僕も、死後の世界はあったら楽しいと思います。ここに展示してあるような地獄や極楽のようなものじゃないかもしれませんけれど。うちは、死後の世界があるぞということを伝えることが目的じゃなく、仏教のテーマパークとして楽しんでほしいんです。最近では海外のお客さんが増えていますが、日本独特の『あの世』という文化を感じてもらえたらうれしいです。また、展示をじっくり見てもらうと、自分自身の

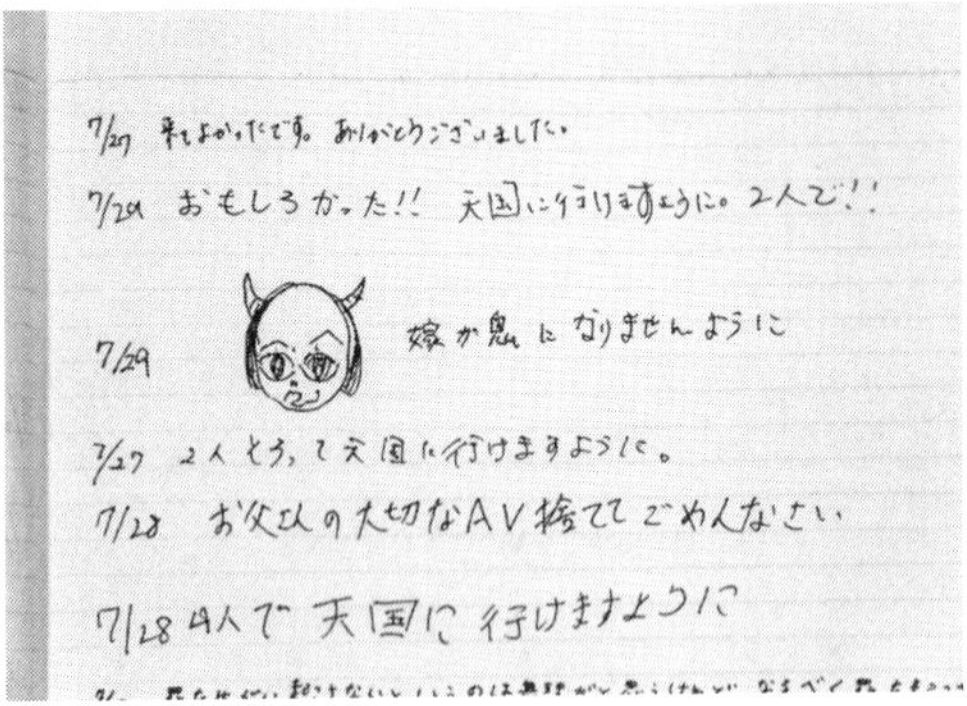

7/24 おもしろかった!! 天国に行けますように。2人で!!
7/29 嫁が鬼になりませんように
7/27 2人そろって天国に行けますように。
7/28 お父さんの大切なAV捨ててごめんなさい
7/28 4人で天国に行けますように

お父さんの大切なものを捨てた人は、地獄に行きそうな気がする

これまでの行ないを振り返るきっかけにもなると思うんですよ。ほかにはあまり見かけない、自己反省できる観光地なので、ぜひ足を運んでみてください」

DATA

所在地：静岡県伊豆市下船原 370-1
アクセス：伊豆縦貫道月ヶ瀬 IC から車で約 3 分、伊豆箱根鉄道修善寺駅からバスで約 20 分
休館日：水曜、木曜（祝日の場合は開館）
＊臨時休館は、HP で確認を
開館時間：10 時～ 16 時
入館料：1000 円（地獄極楽巡りと秘宝展セット券）、800 円（地獄極楽巡りのみ）、中高生 500 円、小学生 400 円
Tel：0558-87-0253

Tシャツは1800円～、トートバッグは800円～とオリジナルグッズも販売している。リーズナブル価格設定に「必要以上に儲けを貪らない」というポリシーが感じられる

命と性ミュージアム

群馬県北群馬郡吉岡町

今井さんが作ったオブジェ。「男性器が上向きだとあまりに卑猥だから逆さまに展示しているの」。確かに下向きだとアート作品っぽい

「性に興味のない人、曲がった解釈をする方は、気分を損なう事がありますので、入場しないで下さい」

群馬県の伊香保温泉近くの、のどかな田園地帯に立つ2階建ての建物、それが「命と性ミュージアム」だ。外から見ると窓が一切なく、物流センターの倉庫のようにも見える。その入り口に、大きく書かれているのが冒頭のメッセージだ。

都会ならまだしも、田舎で〝性〟をテーマにした博物館を運営していると、いろいろと

 写真／中村英史

ハートマークの中に書かれたメッセージを見ても、単なる興味本位ではなく、ある種の信念があることがわかる

中傷する人がいるのかもしれない。他人事《ひとごと》ながら、少し心配になってくる。取材の約束は開館時間の9時30分だったが、15分前には館長さんが入り口から出てきた。

「ずいぶん早いですね。どうぞ、お待ちいたしておりました」

メガネをかけた、とても真面目そうな男性だ。しかし、名札をよく見ると「性欲科Dr.」と書いてある。

「これは洒落ですよ。でもね、性欲って人間の三大欲求のひとつなのに、食欲や睡眠欲に比べて隠す人が多いじゃない？　本来性欲とは、人間が生きていくうえで、欠かすことのできないすばらしいもの。もっと、堂々と楽しむべきものなんです」

ミュージアム入り口前にあった肉感的な男女の石像。ミュージアムの外にも多くの展示物が並ぶので、見てまわるのもおもしろい

神戸連続児童殺傷事件をきっかけにミュージアム設立を決意

館長である今井《いまい》克行《かつゆき》さんが、このミュージアムをオープンしたのは2002（平成14）年のこと。その契機となったのは、1997（平成9）年に起きた神戸連続児童殺傷事件だった。5月に神戸市内の中学校正門前で、切断された男児の首が発見されたが、その約1カ月後に逮捕されたのは、推定犯人像とはまったく異なる14歳の中学生だった。

「約50年も前に戦争が終わって、平和な世の中になったはずなのに、人間の命を軽視するような残虐な事件がどうして起きるのか考えたんだよね。それで、命の尊さや正しい性のあり方を、子どもたちに伝える博物館を作ることにしたんだ。それともうひ

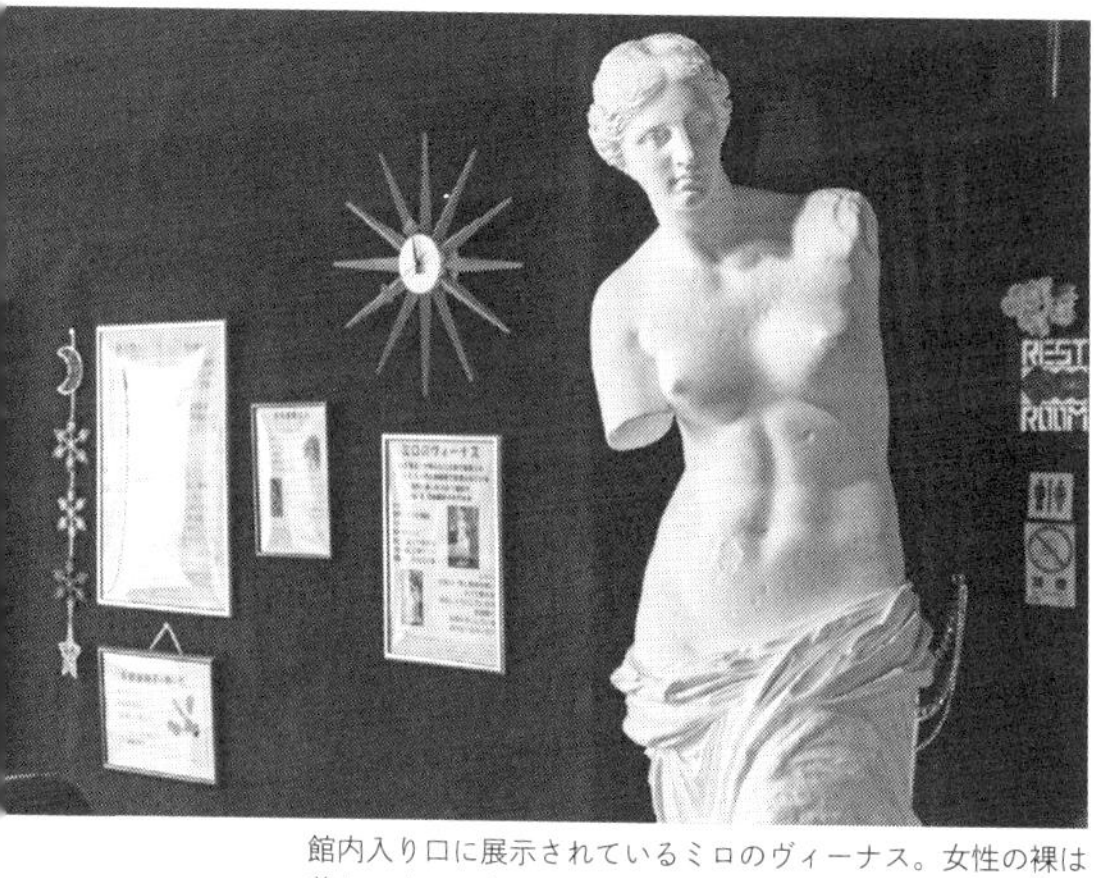

館内入り口に展示されているミロのヴィーナス。女性の裸は美しいものであることを伝えたくて飾ったとのこと

とつ。2100年には、日本の人口が6000万人程度になるといわれているじゃない。それじゃ世界の中でも弱い国になっちゃうんじゃないかと心配なんだよ。子どもをもつ親が幸せを感じる国になってほしいというのも、ミュージアムを始めた理由なの」

オープン当初は、子ども向けのコンテンツを中心に展示していた。小学生も妊娠をすることを前提に、「性は汚らしいものでも、隠すものでもない。大人になったらパートナーとふたりで暮らすことは、楽しいことだという教育をする必要がある」と思ったと今井さんは言う。

では、現在の館内はどのような展示があるのか、早速案内してもらった。まず、入り口近くにある約3m×10mほどの大きなパネルが目に入る。よく見ると、女体をイメージしたフレーム中に神様や鳥、魚などがコラージュされていて、アート作品のように見える。

「これは、オープン前にきみちゃん（受付を担当するスタッフの女性）と一緒に1年ぐらいかけて作ったんだよ。〝命と性ミュージアム〟だから、命の源である女性の体の中に、昆虫や

1年間かけて今井さんが制作したオブジェ。命と性ミュージアムを象徴するものとしてエントランスに飾られている

赤ちゃんがどうやって生まれるのか、確かに一目瞭然だ。
誕生の瞬間に右手でサムズアップしているのがほほ笑ましい

カエル、魚から人間まで、地球上のあらゆる生き物を入れようと思ってね。でもね、作るのが大変だから、途中からなんでもいいやと思ってしまって（笑）。それで、マンガのキャラや神様も入れてみたの。作ってから23年もたつから、いろいろなものが剥げてきたね。パネルの下は、（掃除機の）ルンバがぶつかるからボロボロになっちゃった（笑）」

さらに館内を進んでいくと、「妊娠のメカニズム」や「男女の体の違い」「中絶」「避妊」などの解説パネルや展示品が並んでいる。小・中学校の保健体育の授業で、ある程度のことは教わっても、ここまで多角的に学ぶことはできないだろう。

「オープンしたてのときは、保健体育の先生がずいぶん来てくれたよ。展示のなかには、赤ちゃんがお母さんの脚の間から出てくる瞬間をとらえたマネ

キン人形があるんだけれど、『担任をしている小学3年生の子どもたちに見せたい』という女の先生がいてね。子どものころ、『私は、どこから生まれたの?』って、みんなが疑問に思うじゃない。そんなときは、これを見たらすぐにわかるよ。まさに〝百聞は一見に如かず〟だ」

その後も「性交方法」「性病について」など、あらゆる角度から性についての展示が続く。なかでも印象に残ったのが、臨月の妊婦体験コーナーだ。テレビのニュースなどで見たことはあったが、7kgほどの妊婦ジャケットを装着してみると、その重さに驚いた。少し歩いただけで、腰にずっしりと荷重がかかる。

「男はみんな、これを体験したほうがいいと思うね。そうじゃないと、女の人の大変さを理解できないよ。こんな大変な思いをして、母親は自分を産んでくれたんだって、感謝の気持ちが生まれるはずさ。旦那さんも、奥さんが寝返りを打つときに『大丈夫か』と手を貸したくなるはずだよ」

産婦人科の内診台を体験できるコーナー。恥ずかしがる男性が多いというが、「女性はもっと恥ずかしい思いをしているんだ」と今井さんは語る

このような展示があることからも、今井さんは女性に対して敬意をもっていることが伝わってくる。女性の来館者は、最初は恥ずかしがっていても、ミュージアムを出るときには満足している人が多いというのも納得だ。

家具製造会社を息子に譲り、ミュージアムの経営に乗り出す

今井さんが生まれたのは、1944（昭和19）年のこと。群馬県前橋市で家具製造業を営む両親の次男として誕生。お兄さんが大学の工学部を卒業して、大手ゼネコンに就職したため、今井さんが稼業を継ぐことになった。時代は高度経済成長期、マイホームブーム等もあり、会社も順調に発展していった。

「**私は馬鹿なんだけれどね、現場ではバンバン仕事をしたんだよ。こうすればもっと早く、楽にできるんじゃないかと考えて、工夫をするのが好きだったのね。そこで作ったのが収納棚のシリーズで、これはヒットしたね**」

38歳で社長になってからは、税務署から優良申告法人として表彰されることもしばしば。

このまま順風満帆かと思ったところ、バブル崩壊を受けて国内の景気は後退。家具製造会社も人件費が安かった中国などに、製造拠点を移すところが増えた。

「この近辺には木工団地っていうのがあって、家具屋ばかりが30軒ぐらい並んでいたの。うちは従業員が30～35人の中堅会社だったけれど、まわりがバタバタ倒産したり、廃業していく。家具屋は材料を仕入れて、加工して現金になるまで、下手すると1年ぐらいかかるんだよね。こんな馬鹿な商売はないなって思って、ほかのことをやりたいなと考えたんだよ。そこで思いついたのが博物館だったんだ。集金もしなくていい、資金繰りに頭を悩ますこともなし、これだ！って思ったね」

そして57歳のときに、家具製造会社を息子さんに譲り、「命と性ミュージアム」の開館に向けて、本格的に動きだした。しかし当時は、性風俗の展示を行なっていた全国各地の秘宝館の客足が減少。閉館を余儀なくされる施設が増えていった。

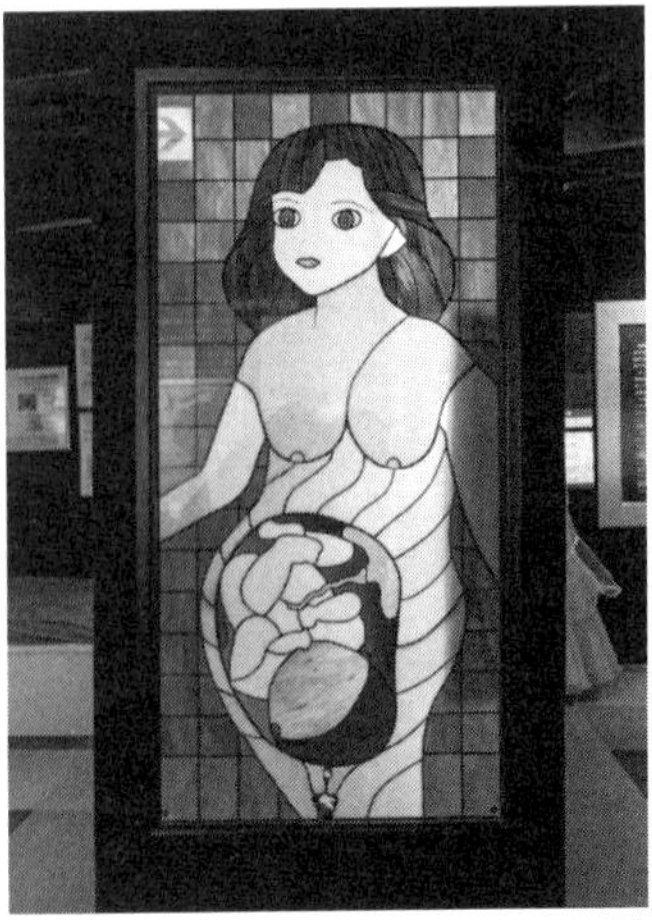

館内にはステンドスラスが8枚あるが、これだけは今井さんが作った。しかしあまりに手間がかかるので、1枚でやめてしまったとのこと

「開館資金が足りないから銀行に電話したの。そしたら、みんながやめているような商売に金なんか貸せないって断られてね。だからオレは、『秘宝館を作るつもりはねぇ。ただHなだけの施設じゃないぞ、命と性を楽しみましょうよっていうミュージアムを作るんだ！』って、啖呵を切ったんだけれど通じなかったんだよ（笑）」

その後、なんとか資金の目処は立ったものの、なるべくコストをかけないために基本は家内制手工業。元家具屋さんの腕を生かして、展示物はできるかぎり自分で作った。そのなかには、今井さんが手掛けた県民展や市民展で賞をもらったアート作品もある。性についての展示のなかに、そんなアーティスティックなものが混ざっているのも、カオスな感じがして楽しい。

他人に迷惑をかけないで、大いに性を楽しんでほしい

「このミュージアムを作ったのは、命の大切さを訴えたいというのもあるけれど、性をもっと楽しんでほしいというのも重要なメッセージなんだよね。昔は、性というものは汚らしいもの、隠すものであるっていう先入観があったよね。でも、大人になって、自分で

責任をもてるようになったら、三大欲求のひとつを他人に迷惑かけないように楽しんだらいいんだよ。そうじゃなきゃ、人口だって増えていかないんだから」

コンドームなどを販売するジェクス株式会社が、2024年に発表した「【ジェクス】ジャパン・セックスサーベイ2024」によると、男性のセックスレス（セックスの回数が月に1回未満）の割合は、64・3％、女性で66・8％と、ともに6割を超えている。これは、2013年に同社が行なった調査と比べると（男性30・8％、女性34％）、約2倍に増えている。確かに現代人は性をエンジョイしているとは言い難い。

ところで、そんな今井さん自身はエンジョイしているのだろうか？

「昔は、そりゃいろいろあったよ。でもね、67歳のときに前立腺がんになったんだよね。放射線治療をすすめられたんだけれど、勃起しなくなると思ったから断っていたの。1年

女性の隣にいるのは、パプアニューギニアの人形のパプちゃん。「みんなが男性器を触るから光ってきちゃった（笑）」（今井さん）

くらいたって仕方なく受けてみたら、勃起はするんだけれど、3㎝くらい小さくなっちゃってね……（放射線治療の影響については個人差がある）。私としては、進行の遅いがんなら照射時期を遅らせて、挿入を楽しんだほうがいいと思うよ。それをわかってもらうために、治療

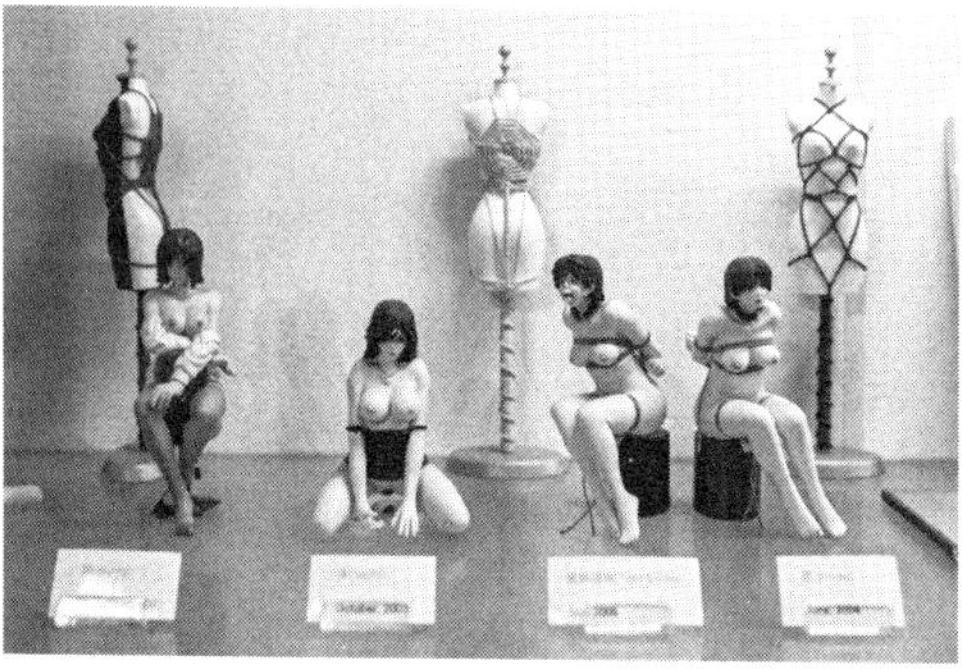

アダルトフィギュア造形家である土岐駿平さんの作品を展示。ほかにも生々しいフィギュアがたくさんあるので、ぜひとも現地に足を運んでほしい

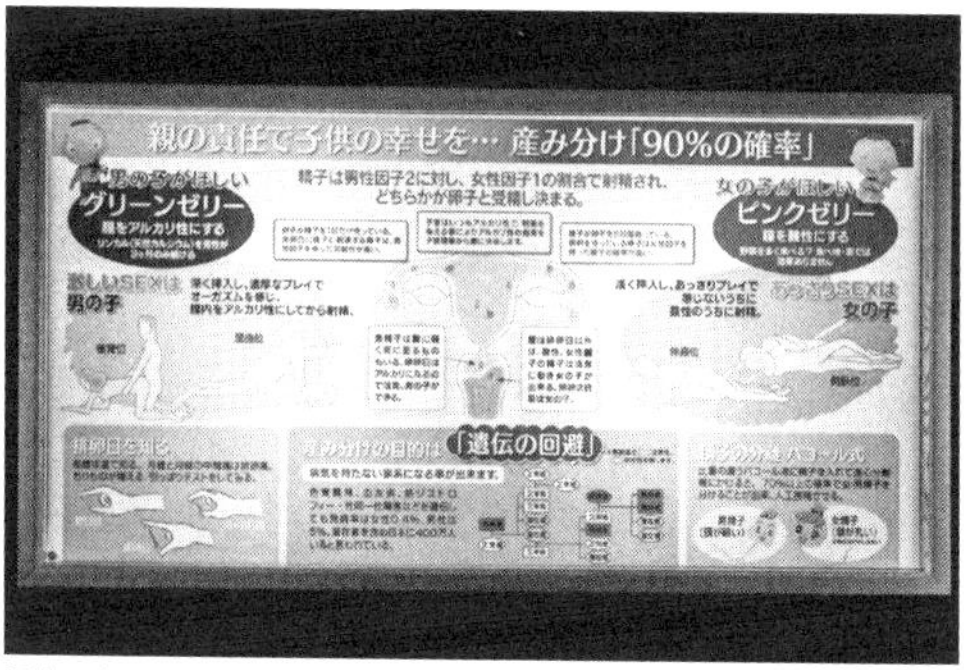

男女の産み分けが、ここまで可能になっているとは知らなかった。グリーンとピンクのゼリーは、産婦人科でも推奨しているところもあるとのこと

2階にあるSM体験ができる部屋。カップルが来館し、お互いに撮影し合うことも多いとか

前後の私の男性器の写真も展示しているの。見たい人だけが見られるように、ちゃんと幕をかけているから、心配しなくても大丈夫だよ（笑）」

衰えを感じているという今井さんだが、性に関する飽くなき探求心は尽きることがない。現在興味があるのは、江戸時代の大奥と明治時代の女工さんの性事情だ。

「このミュージアムにある解説パネルの文章は、全部私が調べて書いたんだけれど、ひととおり調べたら性の歴史に興味が出てきてね。製糸場の女工さんたちの性処理はどうやっているのかなとかね。そうしたら資料を見つけたの！　あのころは住み込みで働いている女工さんたちがたくさんいたでしょう。みんなでリンゴ箱を重ねて置いて、塀の中に男の人を入れるようにしたとか、そんな古い記事を見つけたんだよ。やっぱり、時代が変わっても男と女のやることだから、そんなに変わらないんだよね」

ひとつ気になるのは周囲の目だ。人間関係が濃密な田舎で、性についてのミュージアムを運営することは、まわりとの軋轢や家族からの反対はなかったのだろうか？

「地域の人から、いろいろ言われたことはあんまりないな。みんなどんな博物館か知らないから、変なことを想像しちゃうのよ。だから、『無料でいいから、見ていったら？』って言ってあげているの。そうすると、『思っていたより、真面目なんですね』と言う人

が多いんだよ。ただ、オープンするときは家族に一切相談しなかったね。相談したら反対するに決まっているから。だから、実際に開館するときまで、オレがこんなことをするなんて知らなかったんじゃないかな。これまでに1～2回来たことがあるけれど、何も言ってなかったよ(笑)」

性を楽しむのはいくつになってからでも遅くない

オープン当初の2～3年は、低迷した時期もあったが、現在は平均すると年間に1万人くらいの人が訪れるという。経営は楽とはいえないが、今井さん自身は年金をもらっているので、なんとかやっていけるとのこと。

「ちょっと前に、マツコ・デラックスが出ている『月曜から夜ふかし』という番組で紹介されたの。取材した女の子が『ディズニーランドよりも楽しい!』って言ってくれたときは、一気にお客さんが増えたね。テレビ局も取材してくれたけれど、NHKだけは、まだ来ていない(笑)」

お客さんは年齢・性別を問わず、さまざまな人がやって来る。なかには70歳くらいのお

性は隠すものじゃない、明るく楽しいものなんです

性について真剣に語る館長の今井克行さん。その風貌は、哲学者然としている

ばあちゃんや、息子と母親が連れ立って来た人もいた。

「見てくれた人は、もっと早く見ておけばよかったとか、もっと性を楽しめばいいいんだと思ってくれているのは伝わってくるよ。直接そう言われることは少ないけれど、そんな感想をノートに書いてくれていたりね。特に、女性の性欲は灰になるまでっていうじゃない。だから、性を楽しむのは、いくつになっても遅くないと思うよ」

確かに、「女性の性欲は灰になるまで」という言葉は聞いたことがある。しかし、なぜそう言われるようになったのか？　わからなかったので調べたところ、次のようなエピソードがあった。

江戸時代に、徳川吉宗の側近として活躍した大岡越前《おおおかえちぜん》守《のかみ》が、不倫をした男女の取り調べで、納得いかないことがあった。それは女性から誘ったというが、40代の年増女だったからだ。当時は今とは違って、40代の隠居も珍しくなく、老人とみなされることも多かった。
そこで大岡は、自分の母親に「女性はいくつまで性行為が可能か」と尋ねると、彼女は無言で火鉢の灰をかき混ぜた。それを見た大岡越前は「灰になるまで……」。つまり、女性は生きているかぎり、性交ができると悟ったとのことだ。

心から愛し合って喜びを分かち合ってほしい

今井さんにお話をうかがっていて思うのは、性の話をしていても下品な感じがしないことだ。普通は照れ隠しのため、ついニヤニヤ笑ってしまったりすることがあるが、今井さんは顔の表情が変わらない。だから、こちらも羞恥心を感じることがなく、自然と話に引き込まれてしまう。

「何度も言うようですが、他人様《ひとさま》に迷惑をかけないで楽しんでくださいっていうこと。迷惑をかけなければ、どういう楽しみ方をしても自由。うちはＳＭで使う道具やベッドなんかもあるんだけれど、本当に縛られて、うっとりしている人もいるんだよ。なかには『裸で写真を撮りたいんですけど』なんて人もいてね。うちは全然ＯＫ。でもね、『まわり

品揃えも豊富なミュージアムショップ。緊縛されたぬいぐるみが、かわいい

のお客さんには迷惑をかけないようにお願いします』ってことだけは伝えてるけれどね」

もうひとつ。このミュージアムは命の誕生や性だけでなく、死についての展示もある。白装束を着て、本物の棺桶に入ることもできるのだ。普通に生きていて、棺桶に入る機会はほとんどないだろう。そういう意味ではとても貴重な体験ができる。

死についての展示は、人生を振り返って、今後を見つめ直す体験をしてほしいということで10年ほど前から始めた。いずれは誰もが迎える死。死を想うことで「充実した生＝性」を楽しんでほしいという今井さんの願いだ。

「もうオレなんか年を取ったから、あんまり楽しみがなくなってきたけれど（笑）。若い

人は、これから目いっぱい楽しんでほしいね。でも、好きな人ができて『彼女を抱きたい』と思ったら、『妊娠してもいいのか』と自分に問いかけてほしいんだよ。このミュージアムで勉強したんだから、セックスは妊娠を伴う行為だということをちゃんと頭に入れて、心から愛し合って、お互いに喜びを分かち合ってほしいね」

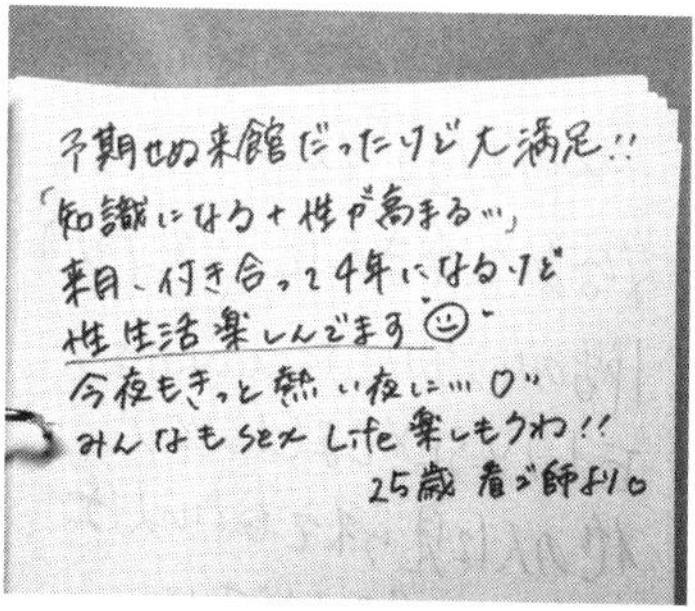

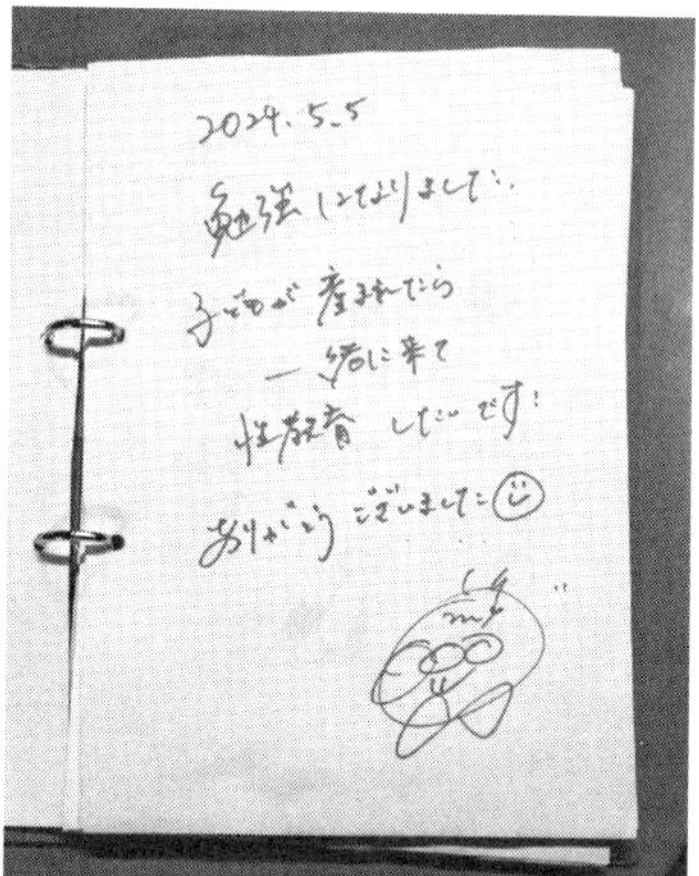

来館者が感想を綴るノート。メッセージを残しているのは圧倒的に女性のほうが多い

DATA

所在地：群馬県北群馬郡吉岡町上野田 1256-72
アクセス：関越道渋川伊香保 IC から車で約 13 分、関越道駒寄スマート IC から車で約 10 分、JR 上越線渋川駅からタクシーで約 12 分
開館日：年中無休
開館時間：9 時 30 分～ 17 時 30 分
入館料：1200 円、中高生・身障者 1000 円
Tel：0279-55-6677

大道芸術館

東京都墨田区

2階にはバーカウンター「茶と酒 わかめ」があり、お酒を飲むこともできる。23時まで営業しているので、飲むのを目的に来店する人も多い

向島というと、まず思い浮かぶのが芸者さんの存在だ。花街となると赤坂や新橋などのイメージが強いが、今も残る東京六花街のなかで、芸者さんの数が最も多いのは向島だという。

そんな東京の原風景を残す地に、編集者の都築響一《つづききょういち》さんが私設ミュージアムをオープンしたのは、２０２２（令和4）年のこと。かつて料亭だった建物を活用し、都築さんが長年蒐集してきたアウトサイダーアート（*）、エロティックアート、秘宝館の展示物などを公

＊美術を独学した人たちが作る作品。プロフェッショナルなアーティストとは一線を画す独特の魅力をもつことが多い。

開している。

「きっかけは数年前、知り合いの会社社長と『今、秘宝館を作ったらおもしろいよね！』という話をしたことです。その後、新型コロナの影響でいろんな物件が空いたので、いくつか見学に行ったんです。そのなかで向島がいちばんおもしろそうだと思い、借りることにしました。最初からここでやりたいと決めていたわけではなく、浅草や江戸川上流のほうなども探したんですが、条件に合うところがなかなか見つからなくて。ここ向島が、いちばん使いやすいかなと思って決めました」

アートは〝チープ〟でなければならない

展示物は都築さんが集めたコレクションで、ほとんどが取材させてもらった人の作品。特にアウトサイダーア

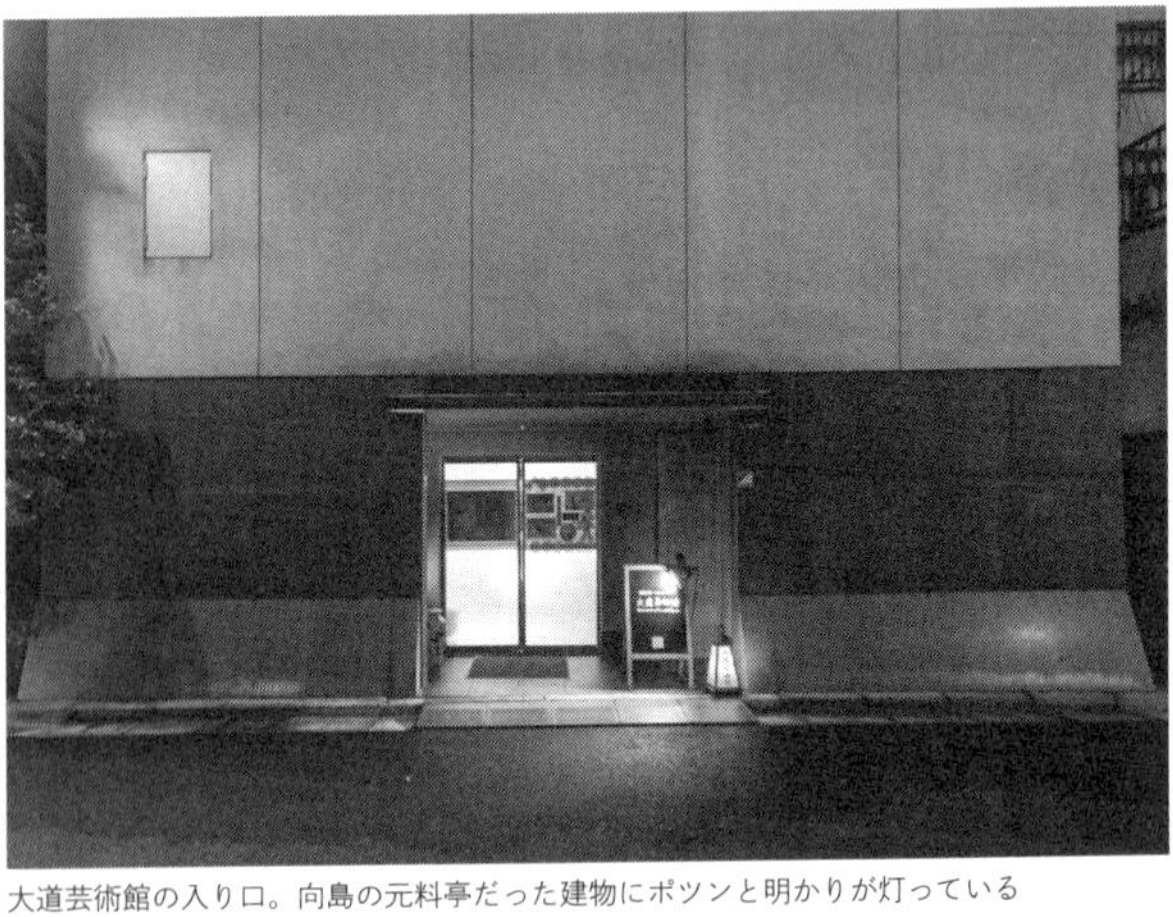

大道芸術館の入り口。向島の元料亭だった建物にポツンと明かりが灯っている

ートの作品に関しては、作者が経済的に恵まれないことが多いので、購入することでささやかなサポートにつながればと考えたという。

「旅先で出会って、衝動的に買った作品もあります。いろんな機会に集まったもので、美術品としての価値はないものがほとんどだと思うけれど(笑)。これだけたくさん集まると、なんとなく主張が出てくる感じがします」

秘宝館や見世物小屋の看板などは、捨てられてしまうのが惜しくて買い取ったり、引き取ったりしたものも多い。都築さん自身はコレクターではないが、世の中からなくなってしまわないようにやむを得ずやっているという。

「最初は僕が持っているものを、大阪の国立民族学博物館(民博)などが引き取ってくれたらいいなと思っていたんです。以前、民博にトークショーで呼ばれたことがあって、そのときに『作品を引き取ってもらうことはできますか?』と聞いたことがあります。でも『公立なので〝エロ〟と〝グロ〟はダメです』と言われてしまって……。それを聞いて、『民族学っていったい何だろう?』と憤りを感じましたよ。そんな行き場のないものが集まってきたのが、この『大道芸術館』です」

大道芸術館の入り口の木戸を開けてすぐの正面玄関には、「the WHY CHEAP ART?

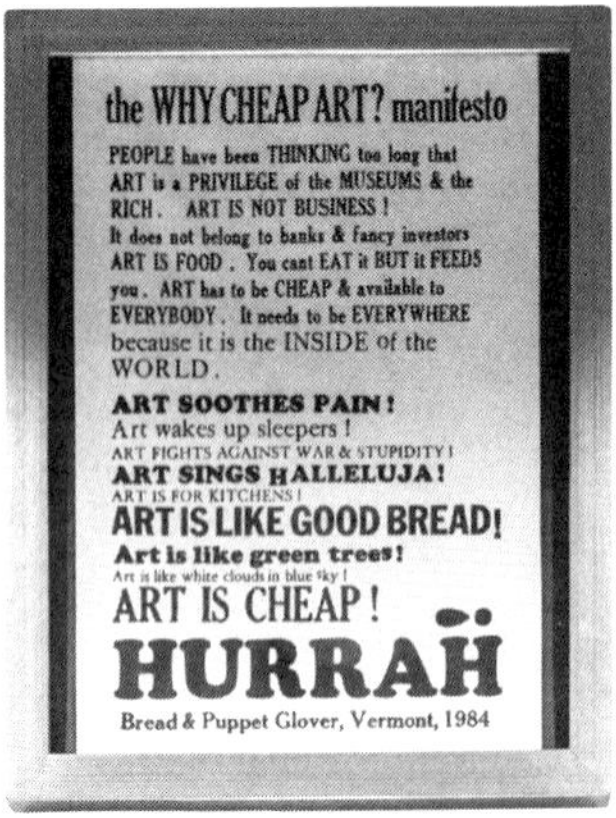

玄関正面に飾られている「the WHY CHEAP ART? manifesto」。ここに書かれていることは、都築さんにとっての座右の銘で、大道芸術館のポリシーでもある

manifesto（なぜアートは、チープでなければいけないのか宣言）」と書かれた小さなポスターが掲げられている。これは、アメリカの前衛人形劇団「ブレッド・アンド・パペット・シアター」が作成したもので、都築さんが２００２（平成14）年に、彼らの本拠地を訪れた際に購入したものだ。ポスターには次のようなメッセージが記されている。

アートは、あまりにも長く、美術館や金持ちだけの特権とされてきた
アートは、金儲けじゃない！
銀行のものでも、おしゃれな投資家のものでもない、アートは食べものなのだ
アートを食べることはできないけれど、アートはあなたを育ててくれる
アートはチープで、誰にでも手に入れられるものでなくてはいけない
アートはどこにでもあるべきだ
なぜなら、アートは僕たちの生きる世界のうちにあるのだから

「ここでの〝チープ〟とは、〝安い〟というよりも〝誰でも簡単に手に入れられるべき〟という意味です。今の現代美術って、チープから遠く離れてしまったと思うんですよ。やけに難解で、みんながわかったふりをしているけれど、解説を読んでもわからない作品ばかりです。しかし、描きたいから描いている人たちの作品には、難解さとは無縁の魅力がある。そういう作品を少しでも多くの人に知ってもらえたらと思うんです」

3階建ての館内は、各階ごとに趣向を凝らしたつくり

それでは大道芸術館の内部を簡単に紹介したい。建物は和風建築の3階建てで、各フロアの廊下や階段にもびっしりと作品が展示されている。

1階のメインは、貸し切り用のカラオケルーム（巻頭カラーページ参照）。この部屋はデコトラをイメージした内装で、ミラーボールが妖しく輝く。壁にはべ

入り口を開けて、まず目に飛び込んでくるのが、半裸の女性がカプセルに入ったオブジェだ。これは三重県鳥羽の元祖国際秘宝館にあったもの

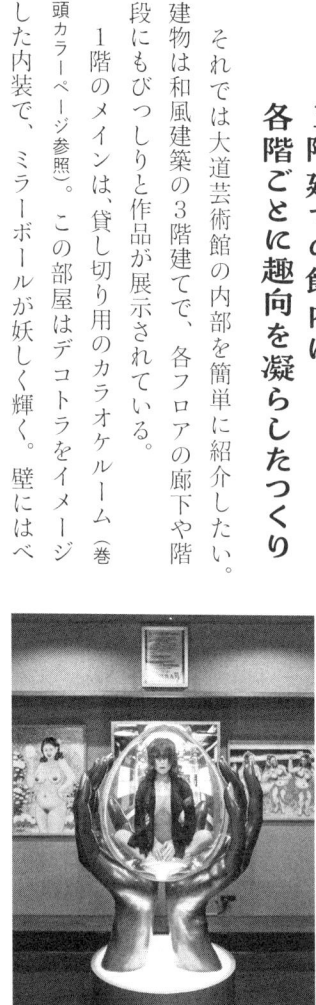

ルベット地に描かれたヌード絵画や、日本が世界に誇るオリエント工業製のラブドールなども飾られていて目を引くが、注目したいのがレーザーディスクカラオケ（レーザーカラオケ）だ。

レーザーカラオケは１９８２（昭和57）年に登場し、音声だけのカラオケに代わって、映像と歌詞が表示される画期的なシステムとして一世を風靡した。しかし、通信カラオケの台頭によって、わずか10年ほどで姿を消してしまった。

「今のインターネットを介した通信カラオケは、映像と音声が別々に配信されているため、超ドロドロ不倫の歌なのに、アルプスのさわやかな景色の映像なんかが流れちゃうことがあります。でも、レーザーカラオケの時代には、一曲ごとに専用の映像が作られていたんですよ。曲の内容を小芝居で説明したり、時にはドエロな映像が出てきたりとか（笑）。一曲一曲が3分間の超短編映画のようで、おもしろいものが多かったんです」

そこには何万人もの売れない俳優さんたちの演技や、当時の日本各地の貴重な風景が記録されていたが、図書館もフィルムセンターも興味を示さない。そんな貴重な映像が失われてしまうことを惜しいと思った都築さんは、長年かけてヤフオクなどでレーザーカラオケのディスクを買い集めた。そして、１５００曲ほどの映像をデジタル化し、このカラオケルームで楽しめるようにしたのだった（カラオケルームの貸し切りは別途料金）。

世界でも屈指の技術を誇る天才蝋人形師、松崎覚さんによる作品。女性の肌のリアリティを表現するため、血管の色に染めた蝋の管を皮膚の下に埋め込んでいる

「ブラック・ベルベット・ペインティング」と呼ばれる、60〜70年代にアメリカで流行したお土産用の絵画。ベルベット地の風合いを生かしたヌードがおもしろい

「もちろん新しい曲はありませんが、今の若い子は見たことがない映像なので、すごく喜んでくれますよ」

２階のメインは、お酒や軽食などが楽しめるカフェバー「茶と酒　わかめ」。館内をぐるっと見たあとは、ここで都築さんやスタッフのみなさんと歓談するのがおすすめ。まわりにはラブドールや見世物小屋の絵画や看板なども展示されていて、独特の雰囲気を楽しめる。

３階は、２０００（平成12）年に閉館した「鳥羽ＳＦ未来館」の展示を修復し、当時の雰囲気を再現したコーナーだ（巻頭カラーページ参照）。パッと見ると、裸の女性に安っぽい機械が取り付けられて、身悶えしているようにしか見えないが、実はちゃんとしたストーリーがある。１９９９（平成11）年、ノストラダムスの大予言どおり、地球滅亡の危機が到来。それを救うために、超未来人間製造プロジェクトが始まった。それは優秀な男性から、強制的に採取した精液を美女に注入し、生まれた胎児をわずか３カ月で18歳の成人に育てるというもの。〃エロとグロと

超未来人間製造プロジェクトのための人間狩りのワンシーンだろうか。助けを求めているようだが、表情に切迫感がないのがほほ笑ましい

狂気〟が見事に融合したこの展示を見るだけでも、大道芸術館を訪れる価値があると思う。

都築さんとアートとの出会い

ところで気になったのは、展示されている作品にタイトルや作者名が付けられていないことだ。これも大道芸術館としてのコンセプトなのだろうか？

「解説を入れちゃうと文字数が多すぎて、小さな字を読むのが大変なので付けていないだけです（笑）。だから、興味をもった作品に出会ったら、図録を買って、家でじっくり読んでもらえたらと思っています。バックグラウンドを知ることで、作品の見方が変わることもあるんですよ。たとえば、オリエント工業のラブドールは、セックス用として作られていますが、対人恐怖症などで、女性と接することが苦手な人が購入することも多いんです。『そういう人には障害者割引を適用しています』なんてことを知ると、少し違って見えるじゃないですか」

メインストリームから外れたアート作品のキュレーターとして知られる都築さんだが、子どものころからアートに特別な興味があったわけではなかった。

見世物小屋の絵画の前には着飾ったラブドールが並ぶ。コミュニケーションに障害がある人たちのために彼女たちは役立っている

大学時代に雑誌『POPEYE』を創刊したマガジンハウス編集部でのアルバイトをきっかけに、アートの世界との関わりが深くなっていった。

「お茶汲みから始めて、原稿を書くようになっていったんですが、海外取材に行くと、キース・ヘリングやバスキアなどの作品を見るわけです。ちょうどグラフィティなんかも始まったころですね。そういうものをおもしろいなと思って写真を撮って、記事を書いて紹介しようと思ったんです。そのときに、雑誌『美術手帖』を見たんですが、何も掲載されていない。最初は、僕の探し方が見当違いだったのかな?と思ったんですが、そういうことがあまりにも多い。

結局、専門家って知識はあるんだろうけれど、新しいことにはまったく興味がないということに気づいたんです。そして何年かたって、彼らの作品が高額で取引されるようになると、急に取り上げるようになったんです。それ以来、〝専門メディア〟というものを信用しなくなりましたね」

さらにアートの分野は、音楽や詩などに比べて、とても遅れていると都築さんは指摘する。そんな風潮に対して抵抗したいというのも、「大道芸術館」をオープンした動機のひとつだ。

「たとえば、僕が20歳でバンドやりたいと思ったって、音大をめざすことはしない。ギターを買って練習しようと思いますよ。同じように、ラッパーになりたいと思ったら、文学部の国文科に入ろうとするんじゃなくて、ノートにリリックを書くだけです。でも美術は、いまだに美大をめざすのが当たり前という流れがあります。そこで何が行なわれているかというと、先生に弟子入りしてコネクションをつくり、日展や芸術院に進むコースに乗ることをめざしている。ところが今は、いきなりInstagramに作品をアップして、おもしろければ世界中に知れ渡るような時代です。美大なんて一切意味がないんですよ。それでも、美大をめざすための予備校が山ほどあって、藝大に入るために何浪もしている人たちがた

バンコクの肖像画屋さんで都築さんが見つけたという２匹の犬の絵。パッと見ると普通の絵だが、よく見ると背景と体つきがおかしい。見れば見るほど引き込まれる味のある作品

くさんいる。本当にバカバカしいと思いますよ」

ポリコレでがんじがらめになっている現代アート

ひとつ気になったのは、大道芸術館にはエロティックな展示物が多いが、やはり都築さんがそういうものに特別に興味があるのだろうか。

「好きか嫌いかといえば、好きですよ（笑）。ですけれど、エッチな目的だけで集めているわけではありません。エロとかグロっていうのは、今のアート界で最も嫌われているものだから集めたんです」

大道芸術館を訪れるお客さんのうち半分ぐらいはインバウンドの外国人だ。そのなかには美術関係者もいるが、どうしてこんな展示ができるの?と驚く人が多い。現在の欧米のミュージアムやギャラリーでは、セクシャルやバイオレントな作品を展示することは非常に難しいからだ。

宮城県在住の山形牧子さんによる「モォ〜やめて」という作品。昔話の絵本に出てくるようなほのぼのタッチに見える分、牛と女性の絡みが妙に官能的だ

「その基準は、日本では考えられないくらい厳しいですよ。誰かひとりが展覧会を見に行って、『これは女性蔑視だ！』と文句を言ったら、いきなり中止になってしまうのが当たり前の状況です。現代美術のマーケットが大きい欧米では規制が厳しく、日本はまだそこまではありませんが、いずれ同じような流れが来るでしょう」

　でも、そんな規制が当たり前になってしまうと、現代美術はさらにツマラなくなるのではないだろうか。

「確かにそうなんですけれど、今は昔と違って選択肢がいっぱいあるわけです。美術館がダメなら、スト

昭和のエロオヤジを描いたら右に出るものはいない吉岡里奈さんの作品。口角がありえないほどキューッと上がったスケベ顔が印象的

水野純子さんの「The Last Course : Meat」。ちょっと不気味でグロテスクなのに独特のファンシーさを感じる作品。今の時代の女の子たちが好きそうな気がする

日本の覆面画家でミュージシャンでもあるロッキン・ジェリー・ビーンさんの作品。貼られているシールを剥がしてみたい衝動に駆られる

リートにグラフィティを描けばいい。本だって、日本でエロがダメだと言われたら、規制のゆるい外国で出版したらいいんです。昔だと出版差し止めになったら終わりでしたが、今は自主出版で作ってネットで販売できますから」

そもそもアートはエロスから始まっている部分もあるはずだ。エロを規制することは、アートの本質を失ってしまうことになるのではないだろうか。

「本当にそうですよ。アートが教科書になっちゃうってことですもんね。そのあたりは、美術だけじゃなくて、音楽だってそうですよ。『ポジティブに前を向いて生きていこうよ。そうすると、きっといいことがあるよ～』みたいな曲が多いけど、それだけじゃないんですよ。『みんな、死んじゃえ！』みたいな曲を聴いて、救われる人がいるわけです。結局、正しくポジティブに生きられる人は、そもそもアートなんて求めていないと思うんですよ。世の中には、鬱屈している人、フラストレーションを溜めている人がたくさんいるわけで、そういう人たちに寄り添うのがアートなんだと思います」

聞きたいけど聞きづらい話を提供する場でもありたい

大道芸術館は、アート作品を鑑賞する楽しさがあるのはもちろん、イベント時には都築さんが2階の「茶と酒わかめ」のカウンターに入って、このようなお話を聞かせてくれる。正しくポジティブに生きるのが苦手な人には、ぜひともおすすめだ。

最後に、大道芸術館の今後の展望について聞いてみた。

「とにかく存続させたいというだけです(笑)。少なくとも、毎年一度は展示作品を増やしているんですけれど、

「ドン・キホーテ」の陳列棚をお手本にしたという隙間のない展示。
これからも作品は増え続ける予定だ

空いているスペースをどんどん埋めていきたいですね。見習うべきは、ディスカウントストア『ドン・キホーテ』の陳列です。好きな作品は人それぞれ違うんだから、なるべく多くのものを見せたいんです。最近のギャラリーみたいに余計な空間を空けて、ポンポンポンとおしゃれに展示するのがいちばん嫌いなんですよ。あとは、さまざまなイベントをやっているので、それにも来てもらいたいですね」

ミュージアムショップには、大道芸術館の図録のほか、都築さんの書籍や人気のガチャガチャなども販売

大道芸術館では、作品について参加者同士が自由に話し合うギャラリートークを毎月行なっているほか、DJイベントや女性限定のイベントなども随時開催している（詳細はホームページを参照のこと）。

「これまでに好評だったもので印象的なのは、『泡物語を貴女へ』というイベントで、吉原のソープランドで働く女性たちが、トークとちょっとした芝居をしてくれたことがありました。女性による女性のためのセックスの話は、すごくウケるんですよ。みんな本当はそれについて、話したり聞きたかったりしたいんだけれど、なかなかそういう機会ってないじゃないですか。だからこそ、ウチがそういう場を提供したいと思っています」

DATA

所在地：東京都墨田区向島5丁目28-4
アクセス：東武伊勢崎線・亀戸線曳舟駅から徒歩10分、東京メトロ半蔵門線押上駅から徒歩13分
休館日：年末年始
開館時間：月曜～木曜17時～23時、金曜13時～23時、土・日・祝日13時～19時（最終入館時間は閉館の30分前）
入館料：平日2000円、金曜3000円（館内で使用できるドリンク1000円OFFチケット付き、20時以降はバータイムでチャージ1500円）、土・日・祝日3000円(ドリンク1000円OFFチケット付き)
※イベント開催時は入館料が異なるので、SNSにて要確認。
Tel：なし

取材は大道芸術館のレーザーカラオケルームで行なった。ヌード絵画と都築さんとの組み合わせが妙にマッチしている。P287では私設ミュージアムについて、都築響一さんにうかがったインタビューも掲載

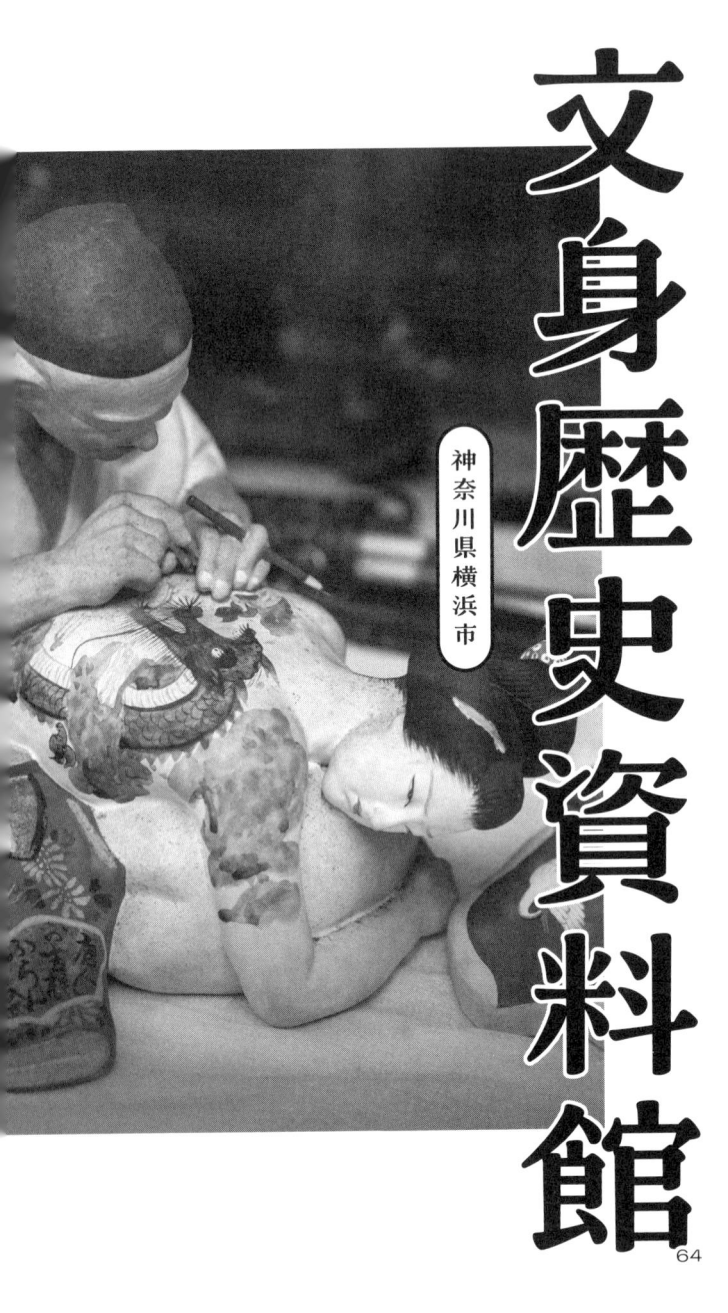

文身歴史資料館

神奈川県横浜市

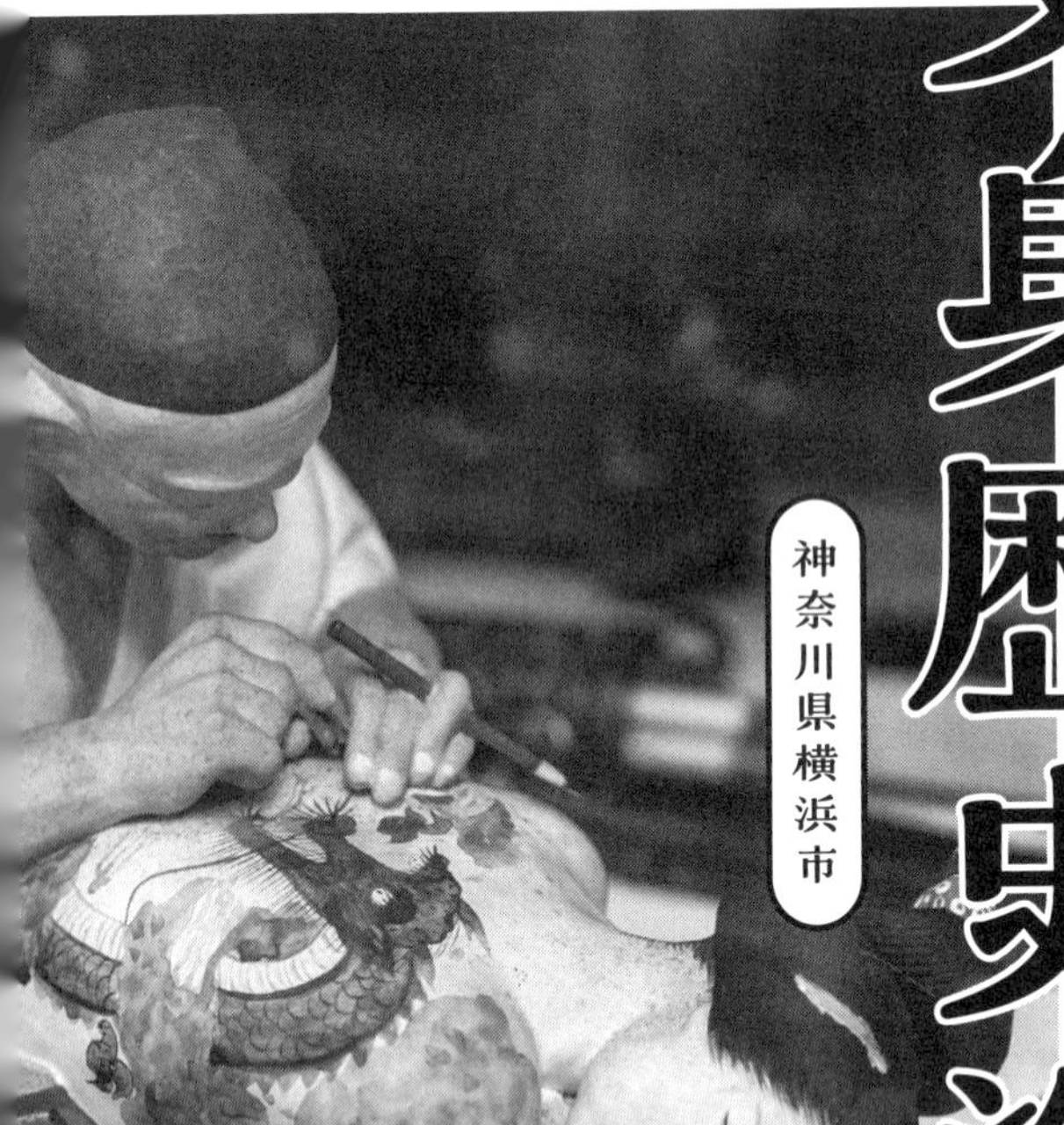

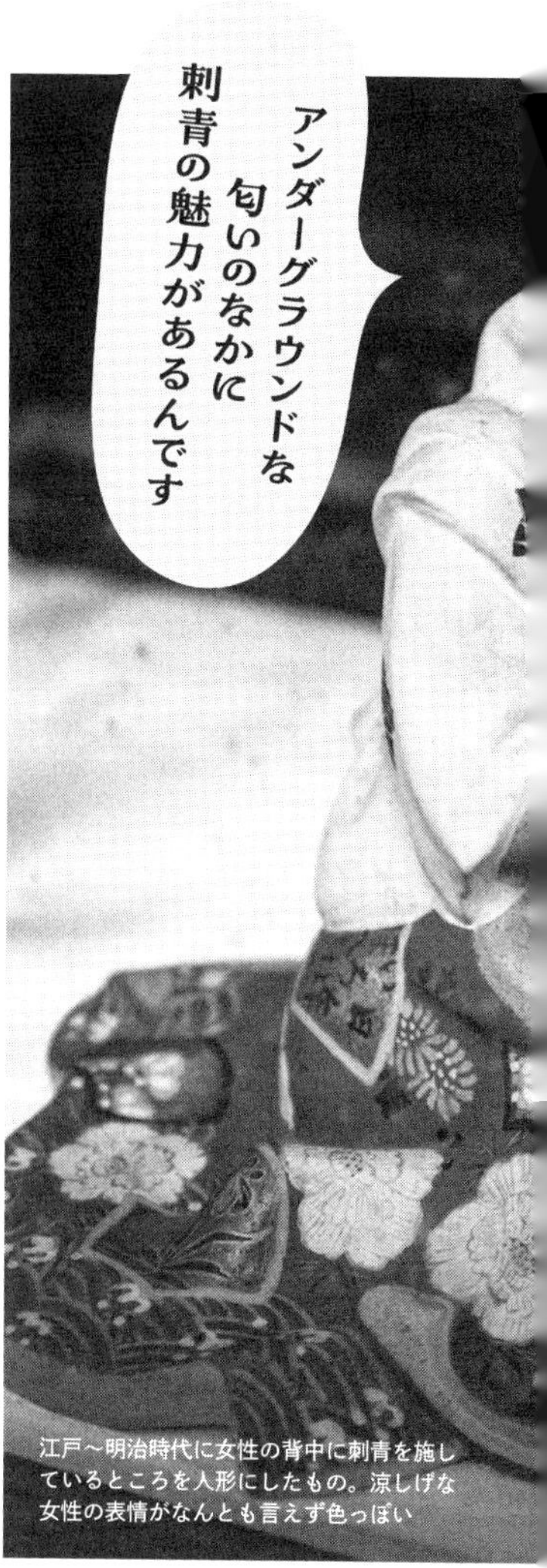
アンダーグラウンドな
匂いのなかに
刺青の魅力があるんです

江戸～明治時代に女性の背中に刺青を施しているところを人形にしたもの。涼しげな女性の表情がなんとも言えず色っぽい

先日、台湾を訪れた際、驚いたことがあった。それは、普通の真面目そうな女の子たちが刺青《いれずみ》を入れていることだった。それも、たまたまひとりやふたりというわけではなく、友人の飲み屋に集まった女の子の半数以上が刺青ありだったのだ。

確かに外国では、ファッション感覚で刺青を入れている人は多いが、日本ではまだ刺青に対する抵抗感が根強く、サウナや温泉などでも入浴を禁止しているところが多い。

しかし、以前にどこかの博物館で「縄文人の間では刺青が流行していた」という展示を

ビルの壁面には緑地に黒い文字で「文身歴史資料館」と書かれている。遠くからでも目立つので見つけやすい

見たことがある。約2300年前まで流行していたものが、どうして現代ではタブー視されるようになったのだろうか。そんなことを考えていたところ、横浜に刺青の歴史を紹介する私設ミュージアムがあると知り、早速足を運んでみた。

気さくな女性館長さんにお話をうかがう

横浜駅から大通りを南東へ歩くこと約10分。目に飛び込んできたのは、4階建てのビルの壁に、大きな筆文字で「文身歴史資料館」と書かれた看板だった。近づいてみると、1階は全面ガラス戸になっており、ドクロなどワイルドなモチーフのシールが隙間なく貼られている。正直なところ、どんな強面の人が出てくるのか、かなりビビりながらドアをノックした。

「**はーい！**」と明るい声で答えてくれたのは、なんと女性。中に入ると、部屋の中央には大きなソファが置かれ、壁一面には色紙や写真が飾られている。さらに、ショーケースの中には刺青を彫る器具（タトゥーマシン）などが雑然と並べられていた。いろいろと興味深いものが多いのだが、モノが多すぎて、どこから見たらいいかわからない。とりあえず女性に挨拶をして、この博物館をオープンした経緯について尋ねてみた。

「**ここを始めたのは、25年前ですね。私の主人は、『三代目彫よし』という彫師なのですが、もともと刺青関係の書籍や版画を集めていたんです。それが増えてきたので、いっそのこと資料館にしてみようと思いました**」と館長である中野真由美さんは語る。

彫師とは、針を使って人の体に絵柄や文字などを彫る職人のこと。近年では〝タトゥーアーティスト〟と呼ばれることもある。日本では、都道府県ごとに定められた青少年保護育成条例などで、刺青の施術は18歳以上とされているが、彫師に関する法律や資格制度は特に設けられていない。そのため彫師になるには、現役の彫師に弟子入りし、技術と経験

資料館の1階のガラス戸には無数のシールが貼られている。何やら怪しげな雰囲気が漂っており、中に入るのに少し緊張した

陳列ケースの中には、さまざまなタトゥーマシンが並ぶ。
彫師が来館すると、このような仕事道具に興味を示す人が多いという

を学ぶのが一般的だ。

日本国内の彫師の数は、30年ほど前は数百人程度とされていたが、現在は数千人以上に増えているといわれている。その背景には、アメリカンタトゥーが若者の間で流行したことや、２０２０（令和2）年に最高裁が、「刺青の施術には医師免許が不要」と判断したことが影響していると考えられる。

かつて日本男性の多くは刺青を入れていた

ここで、日本における刺青の歴史について紹介しよう。刺青に関する最古の記録が残るのは、３世紀に書かれた『魏志

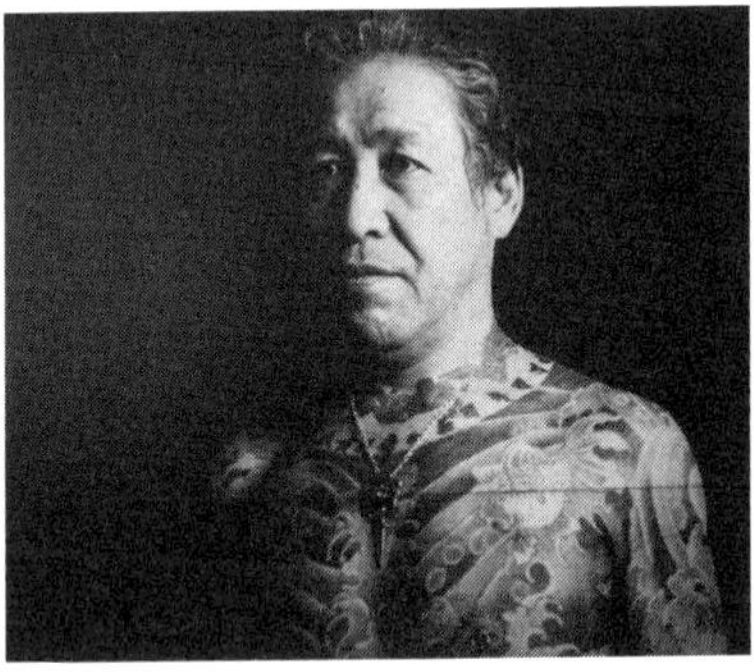

三代目彫よしさんの肖像写真。
彫よしさんは、究極の手彫り技術をもった彫師として海外で絶大な人気を誇る

倭人伝』とされている。そのなかに「男子は、大小となく皆面《かお》に黥《いれずみ》し身《からだ》に文《いれずみ》する」と記されており、当時の日本人男性の多くは、顔から体にかけて刺青を施していたことがわかる。さらに、約1万6000年前から2300年前まで続いた縄文時代にも、刺青が流行していたという説もあるが、これが刺青なのか、単なるボディペインティングだったのかは不明だ。

「デビッド・ボウイも彫よしのところに来ましたね。90年代にティン・マシーンってバンドをやっていたころです。ちょうど結婚する直前で、奥さんの名前を彫っていきましたよ」と真由美さん

3世紀の古墳時代から、8世紀前半の飛鳥時代まで隆盛を誇った刺青だが、奈良時代に入ると急速に衰退していった。庶民が刺青を入れることはほとんどなくなり、下層階級か犯罪者に対しての刑罰として、残っただけといわれている。その理由について、「権力の中枢にある人々は、イレズミを血なまぐさい遅れた習慣と捉えていた」と刺青と文化の研究に造詣の深い、山本芳美・都留文科大学教授は著書（『イレズミと日本人』平凡社新書）のなかで述べている。ただし、北方のアイヌ文化圏や南方の琉球文化圏では、刺青

が身体装飾のひとつとしての役割を持ち続けた。

日本本土で刺青文化が再び広まったのは江戸時代であった。鳶《とび》職人や火消、飛脚など、ふんどし姿になる機会の多い職人たちは、男らしさをアピールするために、刺青を競って入れるようになった。その一方で、江戸幕府は1720(享保5)年に刑罰の一種として、腕や顔に刺青を入れる黥刑《げいけい》を採用。この刑罰は犯罪歴を明確にし、人々に警戒感を抱かせることを目的としていた。しかし黥刑を受けた者のなかには、自暴自棄になって、再犯を繰り返したり、刺青を見せて恐喝を行なう者も現われた。このような経緯から、刺青は一般人に忌み嫌われるようになっていった。

「今は普通の人も彫るようになったけれど、まだまだ日本では大変だよね。温泉なんかも刺青お断りのところが多いし。〝刑罰としての刺青〟というイメージを今でも引きずっている人が多いんだと思うよ。時代が変わっているんだから、意識も変えたっていいと思うけれどね。先の東京オリンピックで変わるかなと思ったけれど、結局ダメだったね」と真由美さんは話す。

江戸時代も後期の文化文政時代になると、浮世絵師の歌川国芳が中国の小説『水滸伝』の登場人物の全身に刺青を描き、大評判となった。また、歌舞伎の「白浪五人男」などでも、

北海道のアイヌ民族の女性は、口のまわりに青色で「シヌイェ」と呼ばれる刺青を入れた。そうすることで一人前の女性であることを表わしていた

刺青模様の肌襦袢を着た役者が主役を演じるなど、浮世絵や歌舞伎の影響もあって、刺青が一大ブームになったという。このころに「彫師」という職業も誕生している。

近代になって刺青が禁止された日本

しかし明治時代になり、新政府によって近代化政策が進められるなかで、1872（明治5）年には彫師として刺青を彫ることや、その客になることが禁止された。これは、明治政府が諸外国の目を気にし、刺青を〝野蛮な習俗〟とみなして禁じたからであった。さらに北海道や沖縄といった、伝統的に刺青文化が根付いていた地域でも取り締まりが行なわれ、特に沖縄では多くの逮捕者が続出したという。一方で日本を訪れた外国人のなかには、日本の精巧な刺青技術に感銘を受け、自らの体に刺青を入れる者もいた。

戦後の日本では、1948（昭和23）年に刺青を禁止する法律が撤廃され、明治から続いた法的規制は解消された。しかし、1960～70年代に流行したヤクザ映画の影響で、刺青は反社会的なものとみなされる印象が広がり、現在でも日本では、刺青に対するネガティブなイメージが根強く残っている。

「だから私は、彫るなら結婚してからにしなさいって言っているの。特に女性はね。やっぱり、結婚するときに相手に嫌がられたら困るじゃない。男性のなかには、自分が彫っていても、奥さんには彫ってほしくないっていう人もいるし。あとで消すにしたって、お金もかかるしね」

そう話す真由美さんも全身に刺青を入れているが、初めて彫ったのは結婚して、子どもを産んだ3カ月後、20歳のときだったという。

「私は、母方のおじいちゃんが鳶で、父方のおじいちゃんがヤクザだったから、子どものときから刺青を見慣れていたのよ。親戚の叔父さんもみんな彫っていたから、彫るのが当たり前の環境だったの（笑）。そんなじいちゃんの背中に彫ってくれたのが彫よしで、そ

一つひとつ見ていくと、とても興味深いものがいっぱいある。
もし気になるものがあったら、館長の真由美さんに聞いてみよう

刺青がよく似合う不動明王像。不動明王は、刺青のモチーフとしてもよく使われ、「いかなるときも心、動じず、楽なことに流されないよう戒める」意味があるという

れが縁で知り合ったの」

外国では今でも日本の刺青が大人気

真由美さんの旦那さんである三代目彫よしさんは、彫師の世界では名前を知らない人がいないほどのレジェンドだ。1946（昭和21）年に静岡県で生まれた彫よしさんは、小学生のときに銭湯で全身に刺青が入っている男性を見て衝撃を受ける。中学校卒業後は、21歳のときに初代彫よしさんを訪ねて、自身の背中に天女と龍の刺青を入れてもらった。その後、25歳で住み込みの弟子となり、33歳のときに初代の息子であった二代目が勇退したため、「三代目彫よし」を襲名した。

全身に刺青が入ったキユーピーちゃん人形。
このような遊びゴコロがあふれる作品も展示されている

彫師として一本立ちした6年後、三代目彫よしさんは、ローマで行なわれたタトゥーコンベンションに参加を要請された。外国ではタトゥーを芸術として考えているため、彫師はアーティストとして高く評価されている。特にローマは、人口の半数近くがタトゥーを彫っている刺青大国だ。

「そのときはエド・ハーディ（世界で最も有名なタトゥー・アーティスト）**の招待だったのよ。2週間くらいかかな、12〜13人の彫師が各自のブースでお客さんに彫ってあげたの。私はモデルとしてついていったんだけど、小さな子どもも一緒だったから大変だったわよ。イタリアのテレビ局なんかも来て、大盛況だった。もう海外旅行なんてめんどくさいし、飛行機でタバコも吸えないから行きたくないんだけれど、ローマは別ね。街中がどこに行っても映画みたいなのよ。彫よしも、人生の最後にどこに行きたいかって聞かれたら、『ローマだ』って言ってたわ」**

以前に日本のテレビ番組で、外国人に聞いた「知っている日本の有名人」をランキング形式で紹介する番組があったそうだ。ロケ地はイタリアのミラノで、彫よしさんは堂々の第3位。1位と2位は、海外のクラブチームで活躍するサッカー選手だったという。

「そのときテレビ局のほうでも、『彫よしって誰だ？』ってことになったみたい（笑）**。結**

局うちに取材に来ていたわよ」

古今東西の興味深い刺青資料を展示

真由美さんの話をうかがっているだけでもとても興味深いが、いったん切り上げて、館内を観覧させていただくことにした。資料館は1階と2階に分かれており、どちらもそれほど広くはない。ただし、展示物がぎっしりと並んでいるので、移動する際は倒さないように注意が必要だ。

1階は、彫よしさんを慕う世界中の彫師から送られてきた、色紙や絵画、グッズなどであふれている。真由美さんによると、この文身歴史資料館を訪れるお客さんの約8割が外国人とのことだ。先ほどのテレビ番組のエピソードでもそうだが、彫よしさんが海外で高い人気を

世界中の彫師から送られてきた色紙や絵画などが、壁一面に展示されている

外国の彫師からのプレゼントは、骸骨のオブジェも多い。タトゥーのモチーフとして骸骨を入れるのは、「誰であれ死は平等に訪れる」ことを意味しているという

誇っていることがよくわかる。

さらに2階へ上がると、古今東西の刺青文化にまつわる道具や書籍、写真等が展示されている。ただし、解説文は付いていないものも多いので、詳細を知るには、自分で資料として展示されている書籍の文章を読むか、入り口に座っている真由美さんに尋ねる必要がある。

2階には世界中の彫師たちが、刺青を入れるために使った道具が展示されている

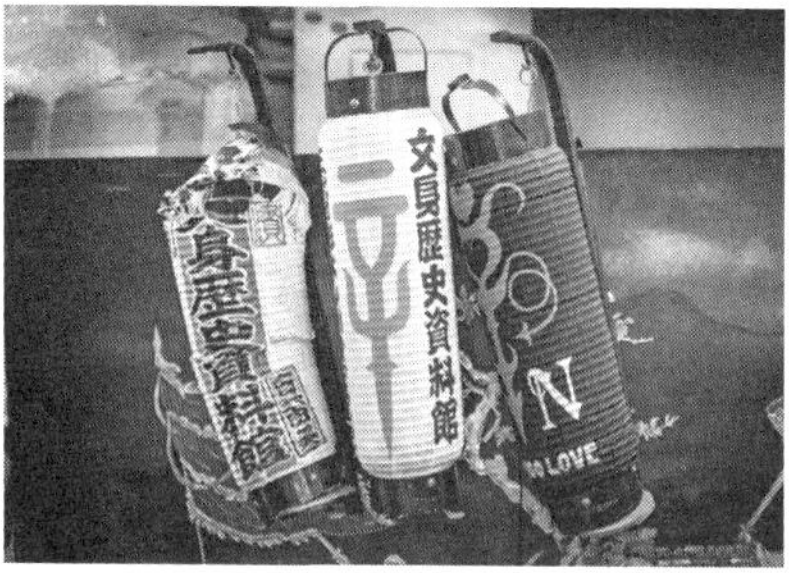

文身歴史資料館のロゴマークは、「辛い」という漢字と針をイメージしている。「彫られるときは痛くて辛いからという意味なの」と真由美さん

数ある展示物のなかでも興味深かったのは、明治以降の日本で、刺青は野蛮なものとして禁止される一方で、西欧の王族たちの間では「憧れのアート」として、日本の刺青が流行していたことを紹介する写真や書籍だった。その代表例が、1891（明治24）年に大津事

ロシア革命の際に銃殺されたニコライⅡ世。彼は日本で入れた刺青を気に入っており、写真を撮る際は、きちんと見えるように袖をたくし上げることもあったという

件で負傷したロシアのニコライⅡ世だ。彼は皇太子時代に長崎に立ち寄り、夜9時から翌朝4時まで、7時間かけて右腕に龍の刺青を施したという。日本が文明国に追いつこうと刺青を禁じたのに、文明国の王族が日本の刺青に憧れていたとは誠に皮肉な話である。

『入れ墨を茶の間に持ち込んではいけない』

また、江戸時代に刑罰として行なわれた、黥刑についての展示も興味深かった。地域によって刺青のモチーフが違っていたという事実は、文身歴史資料館を訪れるまで知らなかった。たとえば、奈良地方なら肩に二本線が彫られ、薩摩地方では「円」と決められていた。広島地方にいたっては、額の横に「大」という漢字を入れられてしまうのだ。当時はコンピュータなどがない時代だったので、こうした刺青によって、犯罪歴や出身地をひと目で把握できるようにしていたのだろう。しかし、これだけ多岐にわたる資料を蒐集するのは、さぞかし大変だったのではないだろうか？

「基本的に彫よしが集めたものですけれど、それは大変だったわよ。骨董市とか古書店なんかをずっと回っていたから。なかには研究者が持っていないような書籍もあるらしく、『これはどこで入手したんですか？』って、よく聞かれていたわ。それに彫よしは本を読むのが好きで、本当に時間を無駄にしないのよ。トイレに入っているときでも本を読んでいるんだから（笑）」

今回の取材では、彫よしさん本人に直接お会いすることはできなかったが、真由美さんの話から、非常にストイックな姿勢で刺青に取り組んでいる方だということがよ

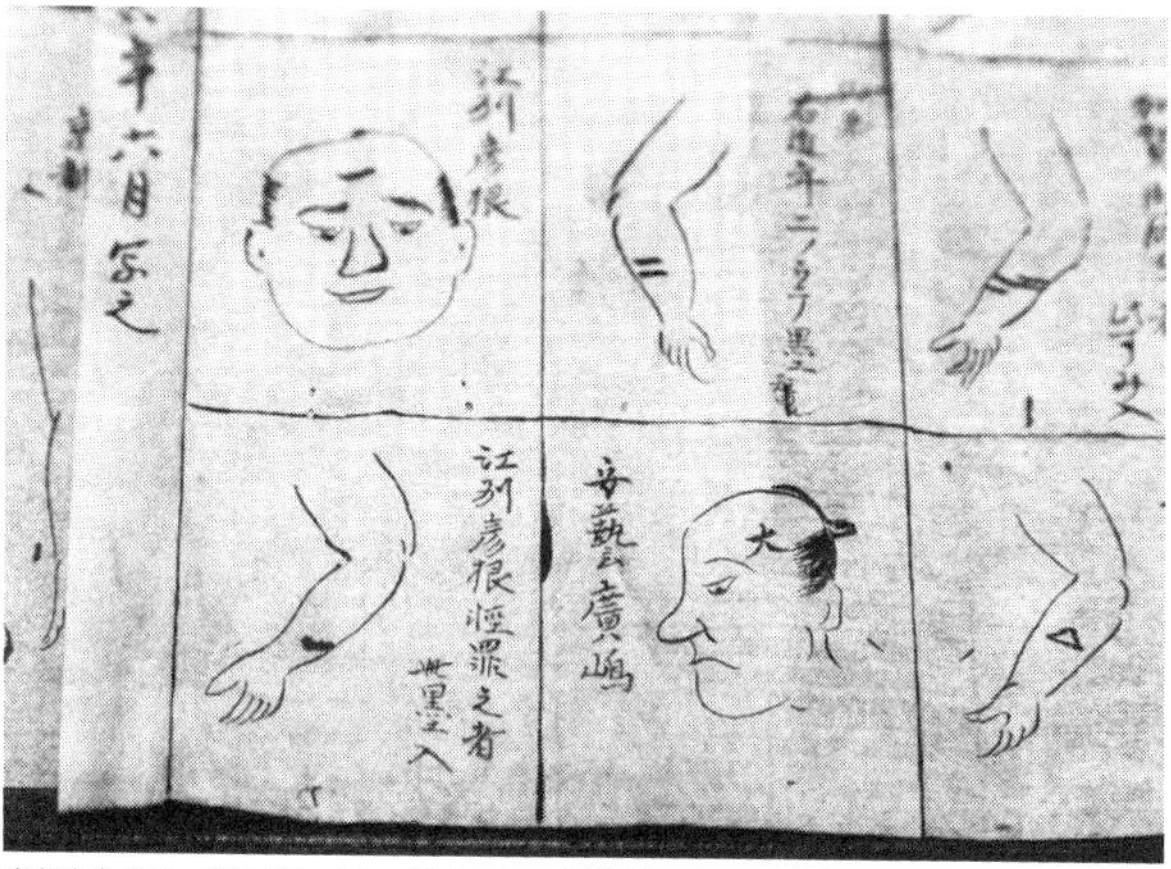

安芸広島では、額の横に「大」（「犬」という説もある）という字の刺青を入れられる刑罰があった

くわかった。

取材後も彫よしさんのことが気になり、さらに調べてみたところ、彼が語るYouTube動画に行き着いた。そのなかで、特に印象に残った言葉を最後に紹介したい。

「法政大学に松田修先生という、日本の刺青研究の第一人者がいたんですよ。松田先生は、『刺青を茶の間に持ち込んではいけない』って言っていて。要するに一般化してはいけない。特殊な世界の人たちのなかにあってこそ、いいものであって、刺青が茶の間に進出することは、刺青に対する侮辱であるって。刺青に

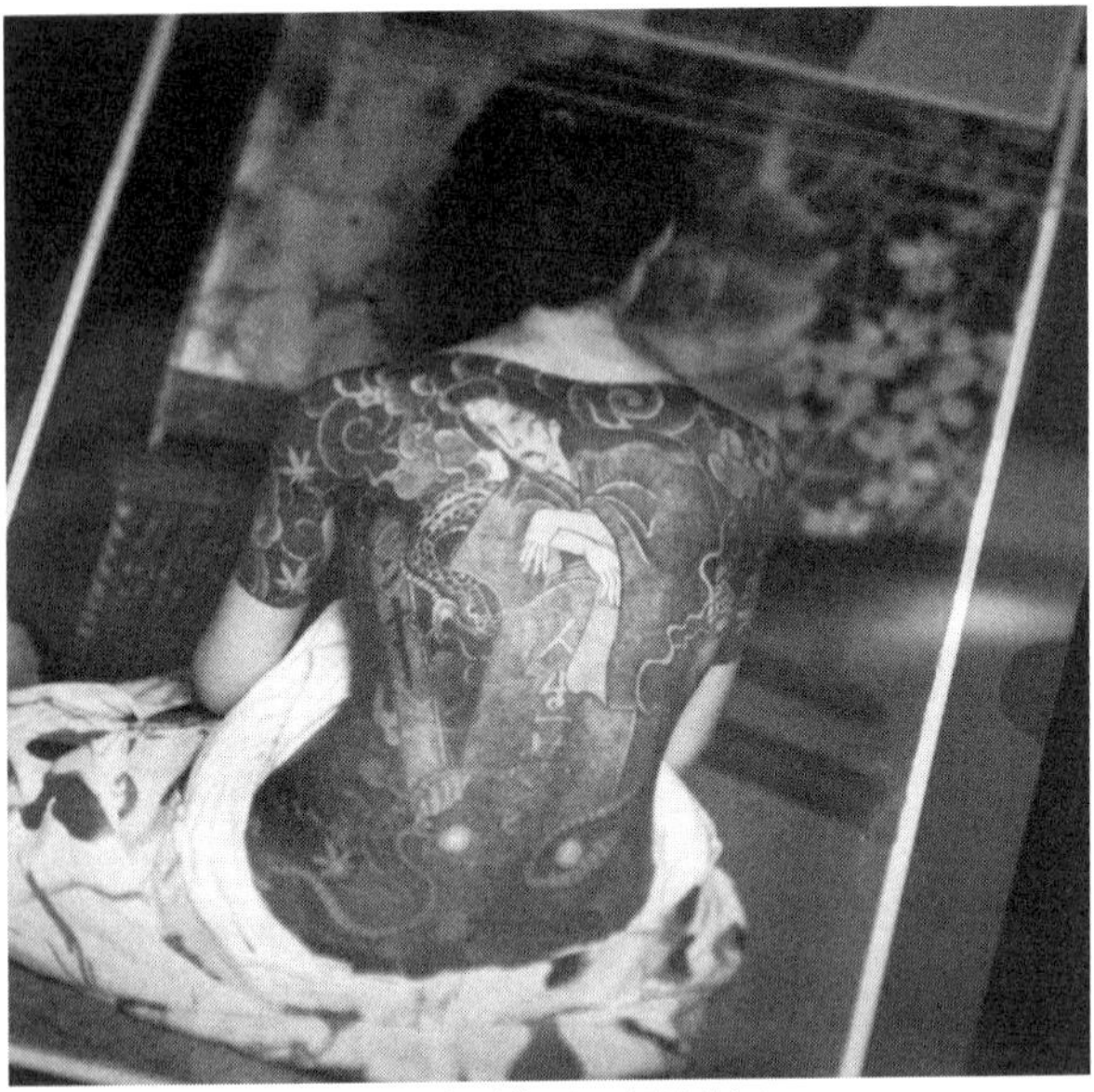

背中に女幽霊の刺青を入れた女性。「人生夢」という字も見える。
現物もモノクロ写真だが、その妖艶さにしばし足が止まった

文身歴史資料館の入館記念としてもらえる菱形のピンバッジ。
アウトローの匂いが漂ってくる

対する『美がなくなる』と。その考えには賛同しますね。（中略）明るいなかで刺青を出して歩いても、本当の刺青の魅力というのは感じられない。

ちょっとアンダーグラウンド的な匂いがあってこそ、初めて刺青としての重みも、魅力も、歴史も、文化も、ぷんぷん匂ってくる。それこそが、俺が残していきたいものなんです」

DATA

所在地：神奈川県横浜市西区平沼１丁目11-7　今井ビル１階
アクセス：京急本線戸部駅から徒歩約５分
休館日：火曜
開館時間：13時～18時
入館料：1000円（ピンバッジ付き）
Tel：045-323-1073

まぼろし博覧会

静岡県伊東市

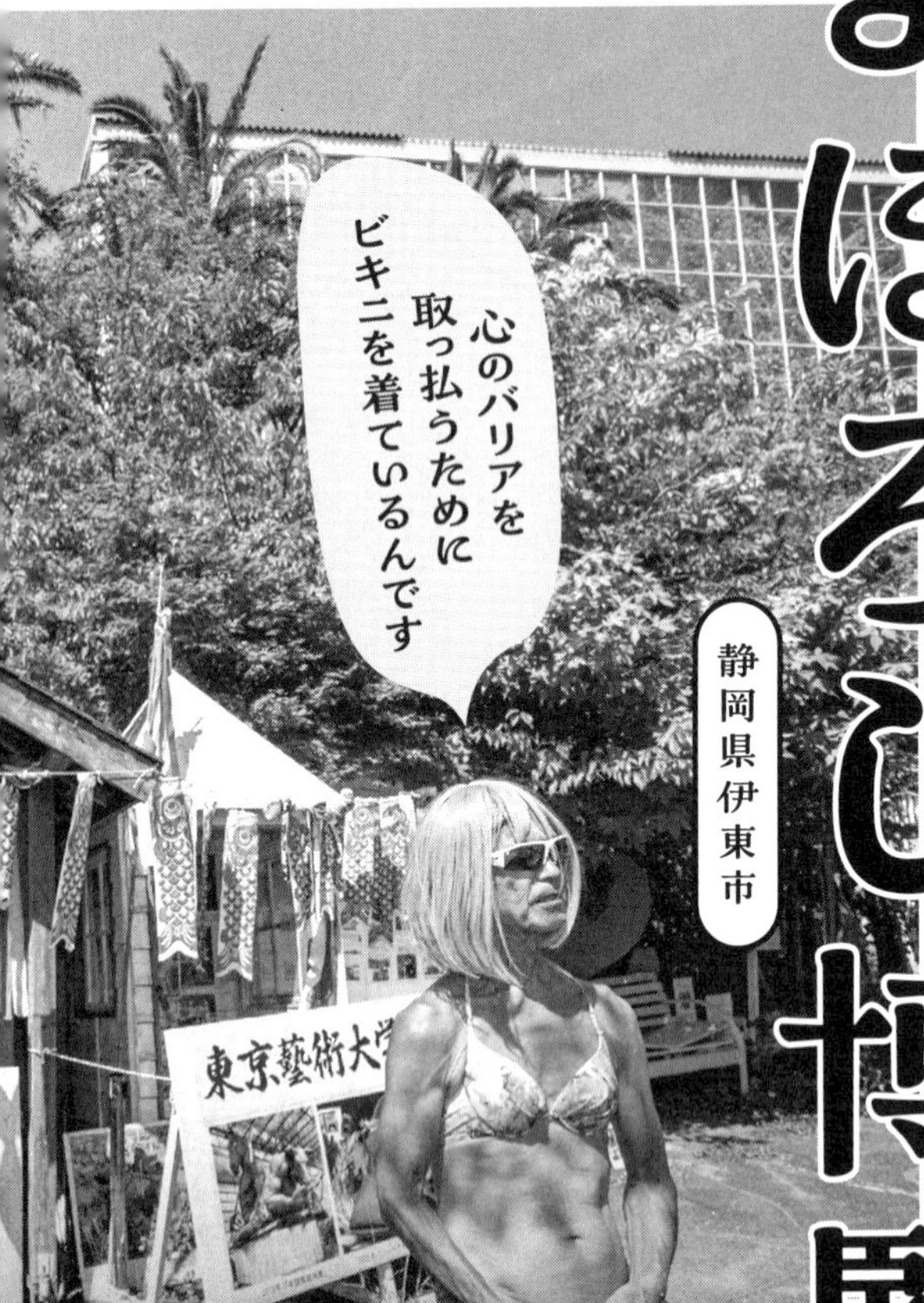

心のバリアを取っ払うためにビキニを着ているんです
東京藝術大

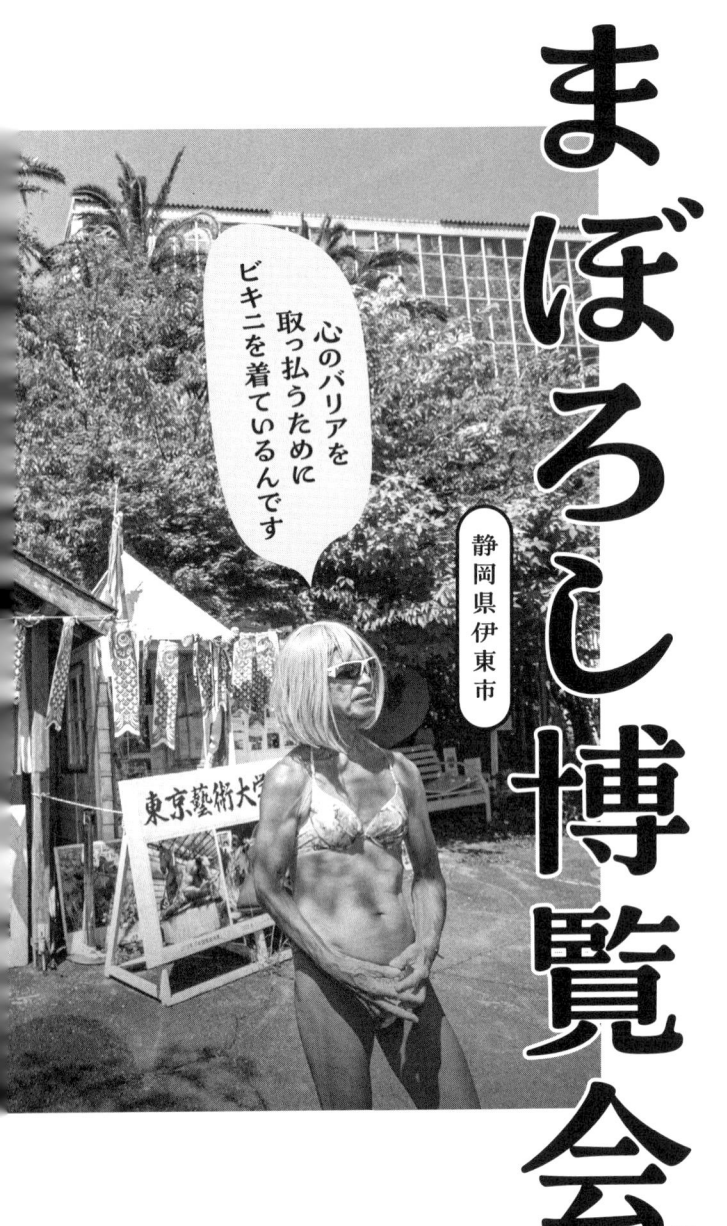

セーラちゃんが在園のときは、このように入り口で来館者を迎える。実際に足を運んだときは、声をかけてみよう。きっとフレンドリーに話をしてくれるはずだ

「入って5分で精神崩壊する遊園地」「キモかわいい楽園」「日本最高峰のディープスポット」など、数々の異名をもつ私設博物館「まぼろし博覧会」。東京ドームのグラウンドと、ほぼ同じ広さという敷地内には、怪しいオブジェ、昭和レトロなおもちゃ、朽ちた動物の剥製など、古今東西の珍品が所狭しと並んでいる。園内は「大仏殿」「まぼろし神社」「ほろ酔い横丁」など、いくつかのエリアに分かれているが、無秩序に置かれた展示物が放つカオスなオーラは、実際に足を踏み入れなければわからない。

ビキニ姿のセーラちゃんがお迎え

このB級スポットの聖地ともいえる「まぼろし博覧会」は、２０１１（平成23）年の開園以来、サブカル好きの心を鷲掴みにし、日本はもちろん世界中から年間４～５万人が訪れるという。メディアでの露出も多く、２０２２（令和4）年にNHKの番組『ドキュメント72時間』に取り上げられたことをきっかけに、さらに人気が爆発。同番組の年間ベスト10では第５位に選ばれた。

そして、この館長を務めているのが、設定年齢7歳のセーラちゃんだ。取材当日はレインボーのウイッグをつけ、小麦色に焼けたスレンダーな肢体をビキニで包んだ姿で迎えてくれた。

セーラちゃんがビキニを着るきっかけは、太ったから着られなくなったものを来館者からもらったこと。今はネット通販で購入し、30着ほど持っている

実は、セーラちゃんは館長のほかにも、東京の出版社社長というもうひと

つの顔をもっている。

「その出版社で、1992（平成4）年に『野生ネコの百科』というネコ科動物を網羅した図鑑を作ったら、2万部も売れたんですよ。それで写真ではなく、リアルな展示ができるものを作ったらおもしろいんじゃないかと思って、『ねこの博物館』をオープンしました。続いて『ペンギン博物館』も作ったんですけれど、そちらはあまり人が来なくて5年で閉館。その跡地に昭和レトロをテーマにした『怪しい少年少女博物館』を作ったんです。それが『まぼろし博覧会』のルーツですね」

「怪しい少年少女博物館」はそれほど広くなかったため、増え続ける展示物でいっぱいになってしまった。そこで、新しく博物館ができる場所を探し

姉妹館の「怪しい少年少女博物館」のマスコットにそっくりのおばちゃんマネキン。右目のまつげはどうなっているのだろう

こんな珍スポットをメディアが見逃すはずもなく、多くの取材陣が訪れている。なかでもNHKの『ドキュメント72時間』の反響が大きかった

ていたところ、閉園後約10年間放置されていた廃墟の熱帯植物園を発見した。

「見つけた瞬間、これだ！と思いましたよ。山を背にした傾斜地で、『水滸伝』に登場する梁山泊を思わせるでしょ。平らで真四角な場所って、展示物を配置するのは簡単ですが、見る側にとってはおもしろみに欠けるんですよ。こういう傾斜があると、先が見通せないから、次に何が出てくるか予測できない。お化け屋敷のようなワクワク感が生まれるんです」

展示物を飾るときも図面は作らない。図面を作ってしまうと、そのとおりにすることに自分がとらわれて、思考が停止してしまうからだ。

「図面を作るのはしっかり計画しているようにみえますが、僕から言わせると怠慢なんですよ。自分のやりたいことに忠実でなくなってしまう。だから、図面なんか作らずアドリブで飾ればいいんです。その結果、多少歪んでしまっても、それでいい。だいたい、人の生き方自体がアドリブみたいなものじゃないですか。こうしたいと思っていたって、そのとおりにいくことなんてめったにない。その場その場で考えて、道を切り拓いていくものなんです」

なるほどですね！と相槌を打ってみたものの、博物館の展示方法と人生を同じ視点で語るのは、ちょっと強引な気もする。ただ、関西訛でハスキーボイスのセーラちゃんにビキ

温室を改造した大仏殿には全長12mの巨大聖徳太子像がある。
もともとは映画用に作られた奈良の大仏だったものを改造した

二姿で語られると、つい話に引き込まれてしまう。

庶民の生活の痕跡こそ、博物館で展示すべき

園内を歩いてみると、先ほどの話のようにアップダウンが多く、迷路に迷い込んでしまったかのような雰囲気だ。そこに閉鎖された秘宝館から集められたアイテムや昭和の家具、食器などが雑然と並んでいる。セーラちゃんによると「**展示物は探さないし、選ばない**」とのこと。生もの、違法なもの、弱者差別を助長するもの、危険なもの以外は集まってきたもの、すべてを展示している。

「**簡単に言うと『位牌はOK、遺体はNG』ってことですね。展示物を探そうとすると、どうしても自分の好みが入ってしまい、偏ってしまうでしょう。そうではなくて、庶民が現実の生活のなかで実際に使い、残してきたもののすべてを展示したいんですよ**」

セーラちゃんの考えでは、「**博物館は世の中にある希少で貴重なものではなく、ありふれた日常品を展示すべき**」という。なぜなら、学問的価値のあるものは、ほとんどが庶民の生活とは関係がないからだ。「**庶民の生活の痕跡こそを『ミュージアム』で展示すべき**

東京藝術大学の学生が2023年の神田祭で披露したジンベイザメ神輿。
ほかにも、まぼろし博覧会には藝大生の作品が多数展示されている

である」という考えから、まぼろし博覧会では、使われなくなったパチンコ台やおばあちゃんの遺品の人形なども飾られている。

「普通の博物館は、大昔のものばかり展示しているでしょう。専門家や歴史オタクはそれを見て『いいな』と思うかもしれないけれど、庶民が、そんな古いことを知ったからってどうなんですか？　自分が生きている時代以外のことを知っても、何の意味があるのかなって思います。私からすると、化石や古代遺跡をありがたがるなんて、趣味の範疇でしかないんですよ」

ひとつの考え方としては、とてもおもしろい。一般的な博物館にあるものが、無価値だとは思わないが、セーラちゃんのような人がいないと、「まぼろし博覧会」は誕生しなかっただろう。世の常識に疑

問を投げかけ、我が道を行く。セーラちゃんのスタンスが、だんだんわかってきた。

社会に縛られた精神を崩壊させ、自分自身で新しい精神をつくる

冒頭でも触れたが、まぼろし博覧会のことを「入って5分で精神崩壊する遊園地」と呼んだ人がいたが、セーラちゃんはとても光栄に思っているという。

「よく考えてみてください。私たちの精神って、誰がつくったのかもわからない常識や倫理、秩序にがんじがらめになっているじゃないですか。そんな精神なんて崩壊したほうがいいんです。そして壊れたところから、自分自身で新しい精神をつくり上げればいい。社会に縛られた精神に閉じ込められて生きるなんて、つまらなくないですか？」

セーラちゃんのアジテーションは、さらに続く。

2023年に急逝されたミュージシャン・高山吉朗さんが楽器として使っていたおきあがりこぼし人形を引き取って展示している

今は数少なくなってしまったストリップ劇場の踊り子さんの楽屋を再現。展示物は、閉鎖した劇場から引き取ったものを使っている

「今の世の中で、競争が肯定されていることもおかしいと思うんですよ。競争があるからこそ、敗者や不幸が生まれる。たとえば、小学校の運動会で競争するじゃないですか。あれに何の意味があるんですか？　単なる見世物でしょう。もちろん資本主義社会のなかで、競争をなくすことが簡単なことじゃないことは理解しています。でも、難しいからといって諦めたら、何も変わりませんよね」

彼女がこの博物館を作ったのは、常識やモラルに対するアンチテーゼなのだ。単にサブカルが好きというわけではなく、現代社会に対して「Ｎｏ！」を言い続けるためなのではないかと思う。あまり思想的な話をうかがっていると止まらなくなりそうだったので、まぼろし博覧会では、お客さんに何を見てほしいかを聞いてみた。

「昔は新聞やテレビが情報発信の中心だったので、興味がない情報でも半ば強制的に目

にする機会があったじゃないですか。今はネット社会で、好きなことだけを検索するのが当たり前になっている。だから、世の中でいろいろなことが起こっても、それをほとんど知らない若い人が増えているのだと思います。でも、まぼろし博覧会には、ストリップ劇場からクジラのペニス、古代文明の遺跡まで、あらゆるものをリアルに見ることができます。写真や動画でなく、目の前にあるんですよ」

セーラちゃんの目的は、あらゆる文化をまぼろし博覧会に展示し、お客さんに強制的に見せることだという。そこで自分が知らなかったものを発見し、現実世界に新たな興味をもつかもしれない。そんな「**視野を強制的に広げる場所**」にしたいと考えている。

さらにまぼろし博覧会では、展示品に対する解説がほとんどない。「**展示品を見たお客さんが、自由に感じ取るべき**」というのが、セーラちゃんのポリシーだ。解説をつけてしまうと、先入観が入ってしまい、自分の感じ方や判断が揺らぐ可能性があるからだ。

伊勢にあった「元祖国際秘宝館」に展示されていた射的ゲーム。当たると男性器が動くようだが、なぜ「ちんちんgotoトラベル」という名前なのかはわからない

まぼろし島エリアでは、野晒しになったマネキンが不気味なポーズで並び、暗黒舞踏のよう。彼らを崇める人がいるのか、お賽銭が散らばっていた

また、展示品が壊れたり、傷んだりしても一切修理せず、掃除も行なわない。そのため、ホコリまみれの展示品であふれている。なぜなら、それこそが「リアル」だからという。

「現実世界のものを、できるだけそのまま持ってくる。そして、朽ちていく過程も見てほしいんです。『昭和の時代を通り抜け』と名づけたエリアがあるんですが、10年間雨漏りを放置しておいたら、展示品がきれいに風化しました。下の木材は腐っているんですよ。こんなリアルな仕上げは、どんなプロにもできません」

取材当日は7月の猛暑日だったが、館内にはエアコンが設置されていないので、汗がダラダラと流れてきた。ところどころに扇風機はあるが、風は生ぬるい。

セーラちゃんは、一時ペンギン博物館も経営していた。この展示はそのときに展示していたものを持ってきたと思われる。鯉のぼりとの組み合わせがなんともシュール

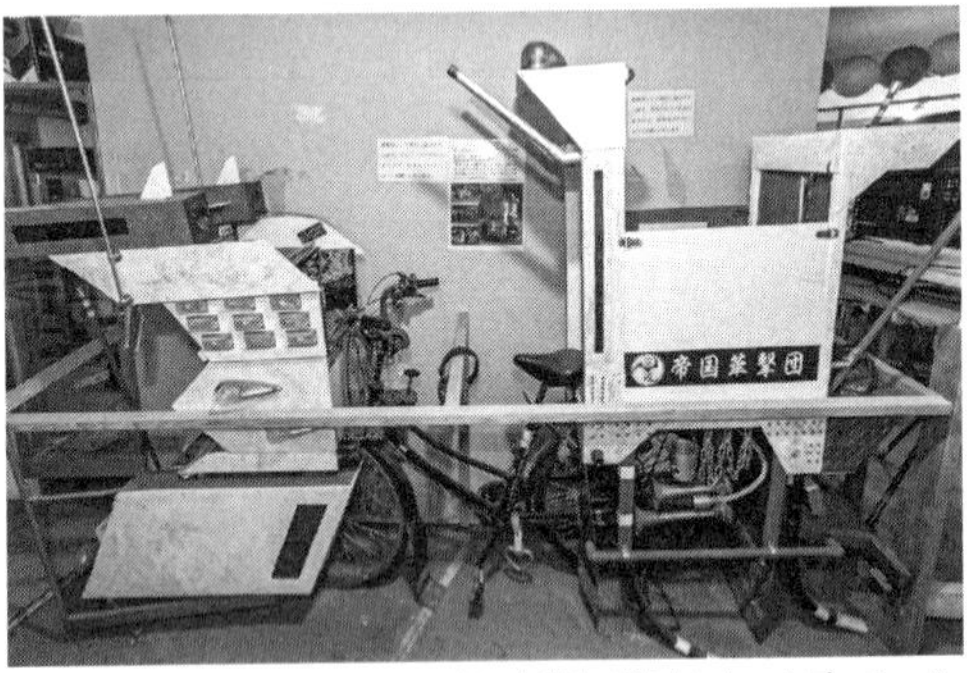

デコトラにインスパイアされて一部の中学生が夢中になったデコチャリ。これを乗りこなすには相当のバランス感覚が必要だったと思う

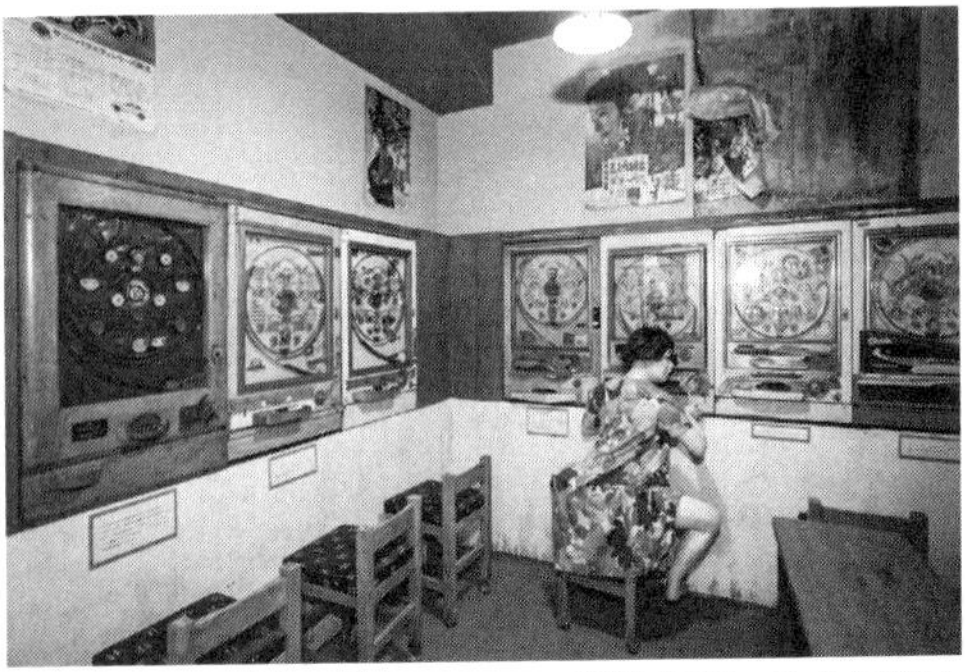

昭和の庶民文化の代表、手打ちパチンコ。大股開きで打っているおばさんのマネキンが気になる

「昭和って、そういう時代だったじゃないですか。リアルを追求した結果、エアコンはいらないなと思ったんです。エアコンの涼しい風が、いつもあることが幸せではないんだってことを、お客さんには感じてほしいんです。暑くて汗をかいているところに、扇風機

のそよ風が吹いてくることが、本当の幸せなんです」

経営する出版社ではベストセラー書籍も出版

〝個性的〟という言葉では収まりきらない、強烈なキャラのセーラちゃんだが、生まれたのは滋賀県で、実家は佃煮屋だった。学生時代はあまり勉強をしなくても、成績はよかったという。

「考えれば問題が解ける数学は得意でした。でも、英語だけはまったく勉強する気が起きなくて、今でも意欲が湧きません。ただこれからは、翻訳も通訳もAIでできるようになり、努力もいらなくなるんじゃないかと期待しています(笑)」

高校卒業後は日大法学部に入学。弱いものの味方になりたくて、弁護士をめざしたときもあった。その後、学習教材の原稿書きなどを経て、35歳のときに一念発起して出版社を立ち上げた。資金が少ないなかで、最初に出す本は絶対売れるものにしたかった。そう考えたセーラちゃんは、ロッキード事件で田中角栄の判決が下るタイミングで、彼のエピソードや過去記事をまとめた『田中角栄データ集』を出版。この本は大ヒットとまではいか

60年代から70年代にかけては、どこの大学でも見られた学生運動の立て看板。当時使われていた書体（ゲバ字）も再現している

なかったが、翌年に出版した『悪の手引書』が20万部、さらにその翌年には、俳優・長門裕之の女性遍歴を暴露した『洋子へ 長門裕之の愛の落書集』が話題となり、最終的に40万部を売り上げた。

「出版社は、最初に大きなお金がなくても始められる仕事だと思います。なぜなら、出版は企画がすべてですから。ただ、今は小さな出版社が勝負できる場所は少なくなりました。有名人や大手メディアが関わるものでなければ、マスメディアも取り上げてくれません。記者もおもしろいものを探す気がないんでしょうね。だから、出版の仕事は縮小して、まぼろし博覧会に力を注ぐようになったんです」

明日が楽しみな気分になって帰ってほしい

同園を訪れる人が、楽しみにしているのがセーラちゃんとの触れ合いだ。セーラー服やビキニで来館者をもてなす姿は、今や名物となっている。彼女は名刺を配り、時にはお姫様抱っこで記念写真を撮ったり、お悩み相談に応じたりすることもある。これもすべて、来館者に楽しい思いをしてもらうためだ。

昭和の暮らしを再現していると思われるが、情報量が多すぎてどのような状況なのかわからない。カオスとは、このようなことをいうのだろう

取材日には、セーラちゃんの写真展も開催されていた。写真は来館者を見送るときに旗を振るセーラちゃん（新レイヤさんの作品より）

魔界神社内にある「ストロベリーソングオーケストラ」というバンドの展示ブース。寺山修司テイストが満載だ

「これまでに25万枚くらいの名刺を配りましたね。渡すときに、少しでも相手とお話をするようにしているんです。そのときにピシッとスーツを着ていたら、本音で話せないじゃないですか。心のバリアをなくすために、セーラー服やビキニを着てお迎えしているんです。そうしたらいつの間にか、Twitter（現：X）で『セーラちゃん』と呼ばれるようになりました」

そんなセーラちゃんのキャラクターを慕って、悩み相談に訪れる人も多い。受験生や引きこもり、大学教授などさまざまな立場の人が来るが、特に10～20代の若い世代が多い。

「現実社会って、みんながやりたいことをできるわけじゃなくて、やんなきゃいけないことばかりですよね。そうすると疲れるので、やっぱり実家に帰りたくなる。ここは、そんな場所にしたいんですよ。人生で本当に大事なのは、今日寝るときに明日が楽しみだなって気分になること。それが幸せですよね」

ほんの小さなことでいい。「明日は友達に会うのが楽しみだな」「明日の遠足は楽しみだ

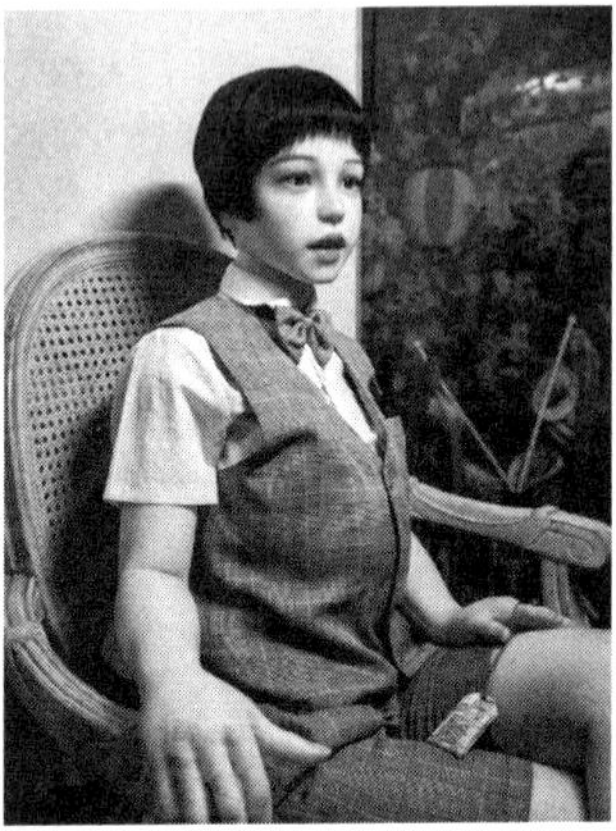

2024年に廃業の危機に陥ったが、復活したオリエント工業のラブドール「昭和の美少年」。その精巧さには、思わず目を見張る

伊勢の「元祖国際秘宝館」で展示されていたアフリカのアルタン族の割礼の儀式。女性のうつろな表情が印象的

な」。そんな気持ちが死ぬまで続けばいい。しかし、現実社会のなかで、実際にそんな気持ちを持続するのは難しい。

「だからこそ、自分のやりたいこと、自分にできることをやってみることが大事なんです。ここに来ると、きっとそんな気分になってもらえると思います」

DATA

所在地：静岡県伊東市富戸梅木平 1310-1
アクセス：真鶴道福浦 IC から車で約 70 分、JR 伊東線伊東駅からバスで約 30 分
開館日：年中無休
開館時間：9 時 30 分～ 17 時 30 分（春分の日～秋分の日）、9 時～ 17 時 30 分(8 月)、9 時 30 分～ 17 時（左記以外の日）
入館料：1400 円、小中学生 600 円
Tel：0557-51-1127

怪奇骨董秘宝館
鴨江ヴンダーカンマー

静岡県浜松市

怪しいもののほか、
UFOや幽霊の情報も
お待ちしています
30年以上にわたって数万点の珍品を蒐集した館長の西川晶宏さん。近くのリサイクルショップ「神ヴン室」も経営している

浜松駅からバスに乗ること5分。最寄りのバス停である「鴨江観音」で下車すると、目の前に大きな仁王門がそびえていた。鴨江観音（鴨江寺）は、約1300年前に天武天皇が、国家鎮護などを祈願するために創建された由緒のある寺院。そんな寺の向かいに位置するのが、「鴨江ヴンダーカンマー」だ。

「ヴンダーカンマー」とは、ドイツ語で「不思議の部屋」や「驚異の部屋」という意味。もともとは15世紀のヨーロッパで生まれたもので、当時の貴族たちが世界中から集めた動

　写真／大関直樹

3階建てのビルの中にある怪奇骨董秘宝館「鴨江ヴンダーカンマー」

物剥製や植物標本などの珍品・奇品を展示した陳列室のことをいう。一説によると、これが現在のミュージアムの原型となったといわれている。

そんな中世の怪しくも不思議な空間を、現代に蘇らせたのが館長の西川昌宏さんだ。浜松市に生まれた西川さんは、学生のころから日本中を回って珍品を蒐集。そのコレクションの数は、正確に数えたことはないそうだが数万点に及ぶという。

「僕は1972（昭和47）年の生まれなのですが、子どものころからオカルトや超常現象が身近だった世代なんですよ。小学生のころは、日野日出志《ひのひでし》や古賀新一なんかの怪奇漫画が好きでした。テレビでネッシーや心霊現象の特集番組を見たり、雑誌『ムー』も愛読していました。そして高校生になると、音楽と民俗学にハマるようになっていったんです」

遊郭や見世物小屋があった雰囲気を再現したい

中学3年生のときに、ギターを持ってバンド活動を始めた西川さん。高校生のときにはオーチンハラショーというバンドを結成し、現在まで活動を続けている。その楽曲は、鴨江ヴンダーカンマーの館内BGMとしても流れているので、注意して聴いてみてほしい。万人受けする音楽とは言い難いが、プログレッシブロックやミニマルミュージック（同じ旋律を反復する音楽）が好きな人はハマるはずだ。

「高校卒業後は、とにかく家を離れたかったので、東京の大学を受験してなんとか滑り込みました。入学したのは法学部だったんですけれど、ゼミでは古代法制史だからと無理やり理屈をつけて民俗学の研究をしていましたね。最終的に卒業論文も『古代の政としての音楽』というタイトルで提出しました（笑）」

大学卒業後は、建築物に水道や電気などのインフラを設置する総合設備会社に入社。サラリーマンになったが、6年ほど勤めた後、実家を継ぐために浜松に戻った。父親に代わって代表取締役となった西川さんは精力的に働いた後、2018（平成30）年に早期退職。「鴨江ヴンダーカンマー」をオープンする準備を始めた。

「そろそろ自分の好きなことをやりたいなと、思いきって仕事を辞めて、これ一本でやっていくことにしました。会社を経営しているときは、会合なんかで全国に出張する機会が多かったんです。そこで地方の古本屋や骨董市で欲しいものを買って、車に積んで帰ってくる生活を続けていたので、コレクションもどんどん増えていきました」

鴨江という場所は西川さんの地元だが、かつては遊郭があり、縁日には見世物小屋なども並んでいた。幼いころに見た、そんな怪しくもワクワクする雰囲気を再現できないかと思い、この地を選んだという。

「鴨江寺の南側は二葉遊郭という浜松唯一の歓楽街があって、かつてはにぎわっていたんですよ。北側は、大企業の偉い人のお妾さんたちが住んでいるエリアがあり、料亭で夜な夜な密談なども行なわれていたそうです。また、鴨江寺のお彼岸には、たくさんの露店が並んで見世物小屋も出ていたんです。いい意味で、いかがわしい香りが漂っていたんですよ。小学校の先生からは『あそこに行ってはいけません』と言われていましたね（笑）」

二葉遊郭が生まれたのは、１９２２（大正11）年のこと。当時、浜松市の中心街にあったふたつの遊郭が合併して、郊外であった鴨江に移転したのだった。『全国遊郭案内』（昭和5年刊）によると、貸座敷が22軒あり、娼妓は約３００人。また、娼妓以外の従業員もすべて女性という全国的にも珍しいもので、心配りの行き届いたサービスが人気だったという。しかし、1958（昭和33）年の売春防止法施行によって、二葉遊郭は旅館街となっていった。

古今東西の怪しいアイテムが所狭しと並ぶ

鴨江ヴンダーカンマーの館内は、2階がギャラリーで、3階はイベントや個展などが開催されるスペースとなっている。ギャラリーは66㎡の部屋に、西川さんが集めた古今東西の珍品がぎっしり。ただし、展示品にはタイトルや解説文などは一切なく、興味のあるものについては、西川さんに尋ねると説明をしてくれるシステムだ。1000円の入館料で、そこまでしてもらえるとは、ちょっと恐縮してしまう。

早速、入り口のところに飾られている剣を持ったブロンズ像が気になった。どことなく顔がロシアの革命家・レーニンにも似ている気がする。

「この黒いフィギュアは、悪魔を崇拝しているチャーチ・オブ・サタン（サタン教会）という宗教の教祖、アントン・ラヴェイです。信者だけが購入できるものなのですが、意外と

教祖であるアントン・ラヴェイは1997（平成9）年に亡くなったが、チャーチ・オブ・サタンは現存している

ブラジルに伝統的に伝わる片足の神様。どうやら黒人の神様らしいというところまではわかったが、詳細は不明とのこと

カッコいいですよね。チャーチ・オブ・サタンという名前から想像すると、カルトのように思えますが、その教えは『人に迷惑をかけてはいけない』といった感じで、意外とマトモなんですよ（笑）」

のちほど調べたところによると、彼らが実践している「地上におけるサタニストの11のルール」には、

●求められてもいないのに意見や助言を与えないこと

17世紀に欧州で流行したペストマスク。当時の医師は、くちばしにハーブを詰めたマスクを着用してペストを防ごうとした。「これはコスプレ用なのですが、いつか本物を手に入れたいと思っています！」（西川さん）

- 他人が聞きたがっていると確信しないかぎり、悩みを話さないこと
- 他人の住み処に入ったら、その人に敬意を示すこと。それができないなら、そこへは行かないこと
- こんな重荷を降ろして楽になりたい、と他人が声を大にして言っていないかぎり、他人のものに手を出さないこと

などがある。このルールは、自分と相手との間に適切な距離を保ちながら、お互いの自由を尊重している感じがする。確かに、おせっかいで余計なお世話を焼かれてしまうよりは、はるかに気がラクな気がするし、現代にもマッチしているのではないだろうか。

さらに奥に進むと、「念写・弘法大師・空海」と書か

西川さんの家の前で死んでいたメジロの死骸。ここに飾られていると、何かすごい由縁がありそうだが、特にないとのこと

れた写真が気になった。これは、誰かが超能力で念写したものなのだろうか？

空海の念写写真に古代文字、陰毛のお守り、etc……

「念写というのは、超能力者が写真の乾板やフィルムに向かって念ずると、文字や人物像などが現われる現象です。これは、超能力の研究に一生を捧げた福来友吉《ふくらいともきち》博士が、千里眼実験のひとつとして行なったものですね。福来博士は、映画『リング』の登場人物のモ

不鮮明さが、かえって本当に念写したような感じに見える。弘法大師を念写したプリント

ヤギの頭をした悪魔に掛けられているのは、エクソシスト（悪魔祓いを行なう人）が実際に使っていた十字架。そういわれてみると、不思議なパワーのようなものを感じる

デルとしても知られています。飛騨高山には『福来友吉資料館』というのがあるのですが、そこには月の裏側の念写写真も展示されています。それもすごいです。ちょっと信じちゃいますよ（笑）」

福来博士は、何人もの超能力者を研究していたが、その最後に出会ったのが三田光一という人物だった。彼は、1930（昭和5）年3月16日に京都の嵯峨公会堂で、町長らの主催によって念写実験会を開催。約400人の来場者の前で念写を行なった。しかし、用意された12枚の乾板のうち、7枚目のみ真っ黒に写っているだけだった。誰もが実験会は失敗だと思ったが、写真家の浜豊彦氏が「薬品で調整をすると、姿が見えるかもしれない」と申し出たところ、見事にこの空海の肖像が現われたという。

「これは北海道小樽市の手宮《てみや》洞窟に刻まれた『手宮文字』の手ぬぐいです。もともと1866（慶応2）年に発見されたもので、何を表わしているかについて、さまざ

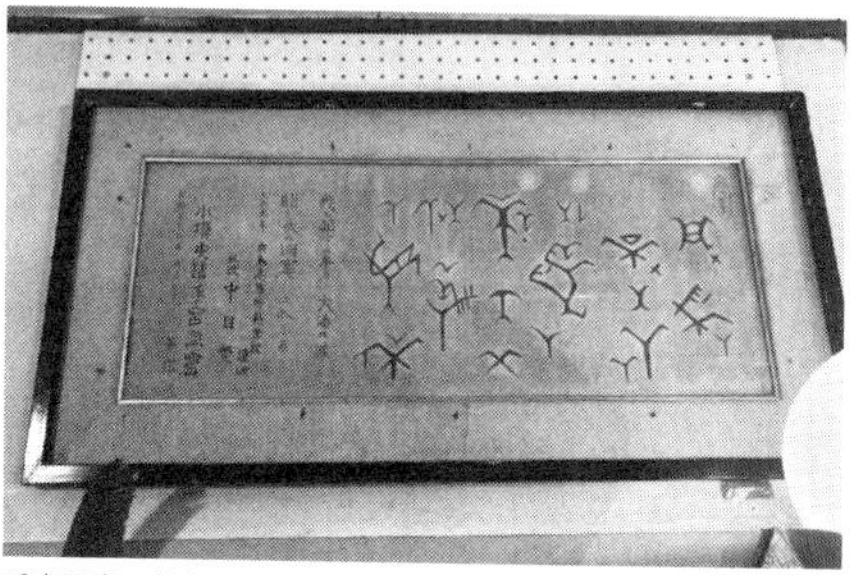

手宮洞窟に刻まれている手宮文字。右の部分が壁画で、左が読み下し文と解読した学者の名前

まな説がありました。ある教授は、『我は部下を率い大海を渡り、闘ってこの洞窟に入りけり』と読める文字だと発表したのです。彼は1912（大正元）年にこの文字を解読し、1952（昭和27）年にそのことを記した著作を発表。その出版記念として作ったのが、この手ぬぐいなんです」

しかし現在では、これは文字ではなく、古代の彫刻であることがわかってきた。手に杖のようなものを持った人物や四角い仮面のようなものをつけた人物などが描かれており、これらはシベリアなどの北東アジア全域で、かつて広く見られたシャーマンではないかという説が有力だという。

「当時は、今のようにA-1もなかったので、

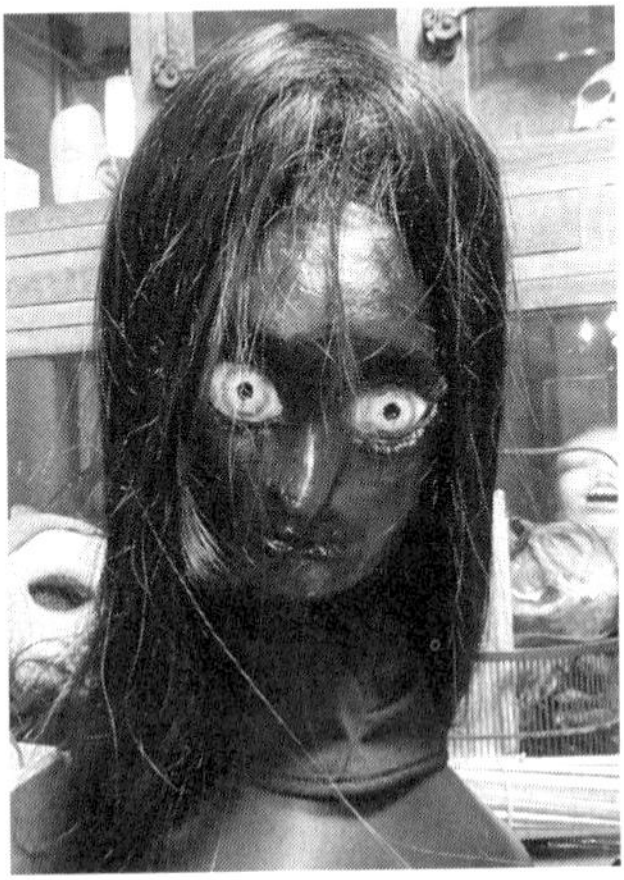

「ある作家さんの家に出た幽霊を模したマスクです。寝ていると足元からのしかかってきて、Hなことをされたみたいですが、すごく焦げ臭かったらしいです（笑）」

あるお坊さんが、お祓いで怨霊を祓った数だけ作ったドクロのオブジェ。いつも袂に入れてお守りにしていたそうだが、引退するときに手放したものを引き取った

文字の法則性を判読することは難しかったと思います。何をもって、『我は部下を率い』と表わしているのかもよくわからない。実はこのように勇ましい解釈をすると、戦前は軍部から予算が下りたんですね。だから無理やり、そんなふうに読んだんじゃないかと思います。戦前の古代文字の解釈は、そんなものが多かったんですよ。そして戦後になって、出版ブームに乗じて学者さんたちがそのまま出版したことが、のちにオカルトブームにつながっていったんです」

「芸者さんの写真が貼られたこのカプセルは、戦時中のお守りです。中に陰毛を入れて、戦地に赴く若者たちの武運長久を願ったんですね。召集令状が来たら、村の青年団なんかが壮行会を開催しましたが、そのときに配られたようです。芸者さんの陰毛が入っていると言うと喜ぶお客さんもいるのですが、使い道を説明すると、みなさんしんみりとしちゃいますね」

日本では古くから女性の陰毛には呪力があると信じられてきた。かつては毒に侵された人でも、女性の陰毛を貼るとただち

芸者さんの顔写真が貼られ、陰毛を入れたお守り。戦場ではこれを肌身離さず持ち歩くことで無事に帰還できるといわれた

「世界は一家、人類は兄弟」のテレビCMでも知られる政財界のフィクサー、笹川良一氏のノベルティ。1980年製らしい

「雑誌社が麻原彰晃の特集を企画したときに表紙に使った人形です。当時は、オウム真理教の残党が何をするかわからなかったので写真を使いにくかったらしいです。それでこのような人形を作ったみたいです」

に回復する、自らの陰毛を抜いて呪文を唱えれば失せ物が見つかるという言い伝えもあった。また、「七難のそそ毛」といって、異常に長い陰毛を宝物にしている社寺も各地にあったという。特に戦時中は、「寅年生まれの女性の陰毛を3本持って戦地へ行くと、敵の弾丸に当たらない」という俗信が流行し、該当する女性のなかには陰毛がなくなることもあったとか。その理由として、昔の人たちは毛は切っても生えてくるため、生命力の象徴と考えたという説がある。しかも、陰毛は生殖器の近くにあるので、新しい生命を生み出す出産のパワーとの相乗効果で、神秘的な力をもつと信じられていたようだ。

絶滅したニホンオオカミの剥製。「これはハンターが自慢のために作ったトロフィーですね。『自分は凶暴なヤツと戦って勝った』と自慢するために、わざと歯をむき出しにしているんです」

競輪GPを蛇蝎嬢のタロットで占ってもらう

いろいろと興味深いものが多く、西川さんの話を聞いていると、あっという間に2時間が過ぎてしまった。しかし、人口もそれほど多くない鴨江で、このようなミュージアムを運営していくのは、なかなか大変なのではないだろうか。

「そうなんです。だから、うちは展示だけじゃなくイベントや展覧会などを積極的に行

「ちょっと不気味に見えますが、アフリカの福の神なんですよ。釘を打ち込んだ部分の痛みが消えるという言い伝えがあるんですね。あとは、ズタ袋みたいなものの中に贈り物が入っているといわれています」

ない、お客さんに足を運んでもらうように工夫しています。たとえば先月は、呪物コレクターの田中俊行さんと拷問器具コレクターのヌガザカさんによるクロストークショーを行ないました。また、プロ緊縛師の方による緊縛体験会なんかも、多くのお客さんに来ていただきましたね。そのときは男性よりも女性が多かったてです。カップルで来たお客さんだと、男性は『オレはいいよ、おまえがやれよ』なんて腰が引けちゃうんですが、女性は『やってみたいから、待っていて！』と言って、列に並ぶ方が多かったのが印象的でした（笑）」

そんなイベントの一環として毎週末に行なわれているのが、蛇蝎《だかつ》嬢によるタロット占い（別途料金1500円）だ。とりあえず自分は、3週間後に行なわれる競輪GPで勝つ方法について占ってもらった。

「近い将来は〝停滞〟を表わすカードが出ていますので、損もしないけれど、得もしない感じですかね」

ギャンブルでトントンはいちばんつまらない。どうせなら勝つか負けるか、はっきりした結果が欲しい。勝つためには、どうしたらいいか尋ねると、

「そうですね、魔術師のカードが出ているので、序盤は様子見でジャブ打ちがいいでしょう。そして、勝負どころで積極的に攻めるのがよさそうです！あれこれ迷わず、ドーンと勝負してください。それから、マジシャンは数字の1を表わしているので、1番車絡みはワンチャンあるかもしれません」

週末にタロット占いを行なっている蛇蝎嬢。水晶を使った晩御飯占いも得意。占ってもらったところ、私の晩御飯は静岡の有名ハンバーグチェーン店「さわやか」のハンバーグ定食がおすすめとのことだった

蛇蝎嬢のアドバイスを基に、競輪GP当日は1番車を1着に固定し、2着は2－3－4－9の4車、3着は2－3－4－6－8－9の6車を組み合わせた計20点の3連単車券を購入。普段は50点ほど買うこともあるのだが、この日は買い目を絞ってみた。その結果は……1－6－9。1着はバッチリ的中していたが、2着が抜けてしまった。配当は193倍だっただけに悔しい結果となってしまった。

競輪GPは残念ながら外れたが、怪しいものや、いかがわしいものがてんこ盛りの「鴨江ヴンダーカンマー」は、まさに異次元のミュージアムだった。幼いころにホラー漫画のページをめくるときに感じた、「怖いから見たくないけれど、ちょっと見てみたい」という矛盾した気持ちが久しぶりに蘇ってきた。

世の中には超常現象や呪いなどオカルト否定派の人は多いが、西川さん自身は否定も肯

アメリカのワイオミング州などに生息するといわれている伝説の動物、ジャッカロープ。野ウサギの頭部にシカのような角が生えている。「全身がある剥製は珍しいので、見つけたときすぐに買いました！」(西川さん)

定もせず、楽しみたいというスタンスだ。そのユルさが、独特のアットホームな雰囲気を醸し出しているので、ついつい長居したくなってしまう。

DATA

所在地：静岡県浜松市中央区鴨江 4-1-14 開発ビル 2 階
アクセス：JR 東海道本線浜松駅からバスで約 5 分
休館日：水曜、木曜
開館時間：13 時～ 20 時（最終受付 19 時 30 分）
入館料：1000 円（イベント時は別料金の場合あり）
Tel：053-456-6688

そのほかの珍パク〈性・サブカル関連〉

	名称	所在地	概要
性関連	珍宝館	群馬県北群馬郡吉岡町	江戸後期の春画など性にまつわる古今東西のアイテムを3500点以上展示。女性館長の毒舌と下ネタを織り交ぜたトークが、名物。テレビ番組等でも話題になったスポット
	八潮秘宝館	埼玉県八潮市	ラブドール写真家として活動してきた館長が、自宅を購入したことをきっかけに秘宝館に改造。自慢のラブドールなどを公開している。来館の際はメールでの予約が必須
	風俗資料館	東京都新宿区	JR飯田橋駅近くにあるSMに特化した会員制図書館。「奇譚クラブ」などの昭和のSM雑誌をはじめ、SM関連の雑誌・書籍・写真集・ビデオ・DVDなどを閲覧できる
	熱海秘宝館	静岡県熱海市	1980年に開業し、全国で唯一現存している秘宝館。2024年5月には展示物の30％以上をリニューアル。嗅覚や聴力で想像力をかき立てるエリアを設置した
宇宙・UMA・オカルト関連	大内かっぱハウス／山口敏太郎の妖怪博物館	千葉県銚子市	1階は全国のかっぱグッズを展示。2階はオカルト研究家として知られる山口敏太郎氏が集めた、チュパカブラやジャッカロープの剥製などが見られる
	宇宙村	東京都新宿区	隕石研究家の景山八郎氏が運営する隕石販売ショップ。隕石の所有量が世界一というだけあって、店内には世界中から集められた隕石が展示されている
	怪しい少年少女博物館	静岡県伊東市	まぼろし博覧会のセーラちゃんが運営する風変わりな昭和レトロをテーマにしたミュージアム。ちょっと怖いオカルトコレクションやお化け屋敷などが楽しめる
マンガ関連	池沢早人師・サーキットの狼ミュージアム	茨城県神栖市	「ランボルギーニカウンタック」など、1960～80年代に一世を風靡したスーパーカーを30台ほど展示。スーパーカー消しゴムなどの当時のグッズも見ることができる
	豊島区立トキワ荘マンガミュージアム	東京都豊島区	かつて手塚治虫や藤子不二雄などのマンガ家たちが青春を過ごしたアパートを再現。サビや汚れも再現されているため、四畳半の部屋で彼らが生活した環境を体感できる
パチンコ関連	ゲームセンタータンポポ	東京都福生市	昭和から平成前半にかけてのパチンコ・パチスロの名機で遊べるゲームセンター。景品への交換はできないが、パチンコ経験者なら若かりしころの興奮が蘇るはず
	パチンコ誕生博物館	神奈川県横須賀市	『パチンコ誕生』などの著書がある杉山一夫さんが、「パチンコの正しい歴史を後世に伝えたい」と2020年にオープン。開館日は日曜日だけなので注意したい

2章

鉄道・インフラ・軍事関連

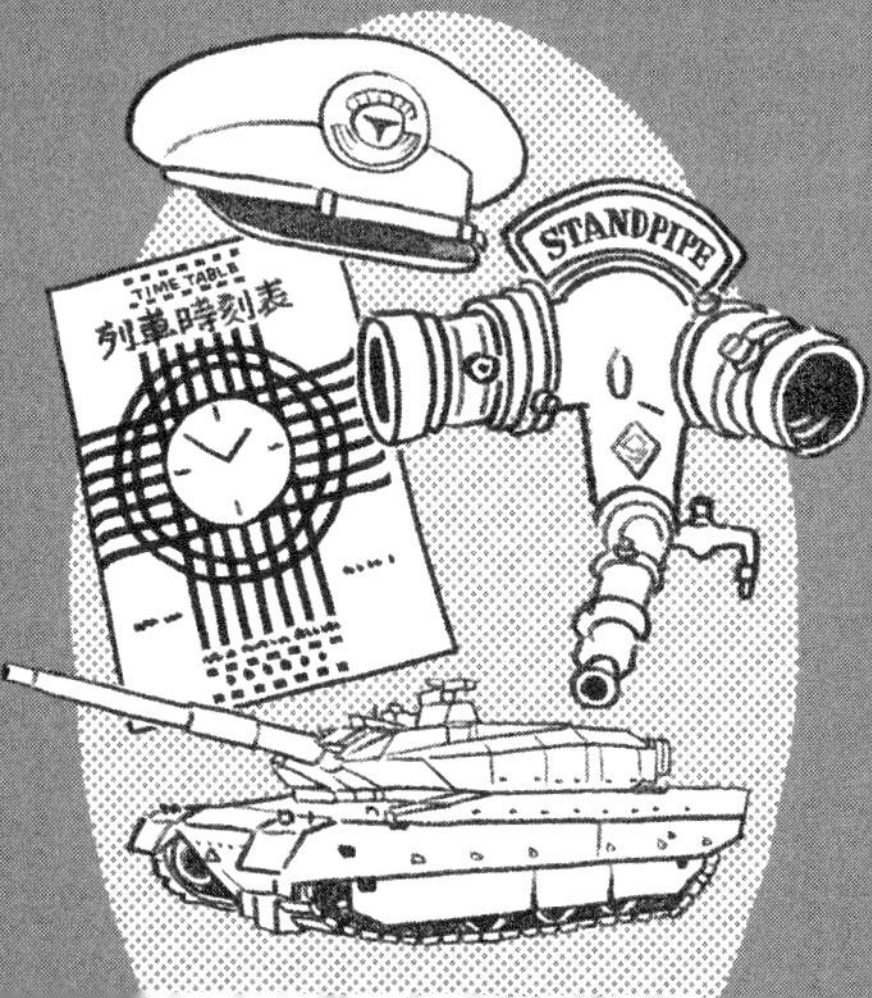

陸上自衛隊広報センター りっくんランド

埼玉県朝霞市

メイン展示室である1階の全景。広い空間に装甲車や戦闘ヘリなどが、戦闘環境を模したジオラマの中に展示されている

東京にある陸上自衛隊の広報施設では、戦車に乗れるという噂を耳にした。一般人がそんな簡単に、戦車に乗れるようなことはないと思いつつ検索してみたところ、本当だった。限られたイベント期間中に抽選という条件付きだったが、最近は自衛隊も随分とオープンになったようだ。

そこで早速、取材依頼のメールを送ったところ、「取材許可を得ますので、少々お待ちください。ところで上司から質問があったのですが、『珍パク』の〝パク〟は何の略でし

 写真／中村英史

ようか？」と返事をいただいた。やはり、対応がしっかりしていらっしゃる。「珍しい博物館を略したものです」と即座に返信し、緊張しつつ取材当日を迎えた。

思った以上に自衛隊を体感できる〝無料〟の施設

陸上自衛隊広報センター「りっくんランド」は、川越街道に面した朝霞駐屯地敷地内にある体験型ミュージアムだ。ガラス張りの2階建ての建物は、予想以上にきれいで広い。受付で取材の旨を伝えると、迷彩服の上下を着た秋山2曹が、本日はアテンドしてくれるという。まずは、この施設が設立された経緯についてうかがった。

りっくんランドが開館したのは、2002（平成14）年のこと。子どもや女性を主なターゲットに「見て、

幅広い職種に従事できるのが、自衛隊の仕事の魅力だと思います

館内をずっとアテンドしてくれた秋山2曹。両親もお姉さんも自衛隊員という自衛隊一家だ

触れて、体感して」をコンセプトとして、自衛隊への理解と共感を深めることを目的に設立された。展示物は、13両の戦闘車や戦車、2機の航空機などで、実際に背嚢、防弾チョッキなどの着用体験もできる。

「なかでも人気なのは、VR体験ができるフライトシミュレータです。ほかにも操縦席を開放した航空機なども好評です。イベント時ではないと戦車の体験搭乗はできませんが、近くで戦車を見る機会はあまりないことから、一緒に写真を撮られる方が多いですね」

本書のテーマは「私設博物館の紹介」だが、公的機関である「りっくんランド」を取り上げたのは、戦車搭乗体験ができるかもしれないという理由のほかに、もうひとつあった。それは、Google Mapの口コミ評価が高かったからだ（評価：4・3、総口コミ数：2384／2025年2月現在）。なぜ、ここまで評価が高いのだろうか？

「やはり無料だからじゃないでしょうか。入館料だけでなく、駐車場も無料なんです。お客様のなかには、『有料でもいいんじゃないか』っておっしゃる方もいらっしゃいます」

実はこのりっくんランド、15年ほど前にニュースで話題になったことがあった。それは、2009（平成21）年の民主党政権のときに事業仕分けの対象となったからだ。「仕分け人」のひとりであった蓮舫参議院議員（当時）が施設を訪れた際に、フライトシミュレータを体験し、「すごくリアルだね」と話した姿がテレビで報道された。にもかかわらず、翌日の事業仕分けでは自衛隊の広報事業費（約13億円）を「縮減」と判定。ところが、この報道がきっかけで平日は220人前後、休日でも約730人だった入場者が激増。報道された週の土曜日は1380人、日曜日は2049人の入場者を記録した。

その後、りっくんランドは航空自衛隊浜松広報館、海上自衛隊佐世保史料館とともに2010（平成22）年に有料化。しかし、入場者数が激減したなどの理由から、翌年には再び無料となった経緯がある。

防衛装備のリアルさをひしひしと実感

メインの展示室である1階に足を踏み入れると、吹き抜けのフロアに迷彩柄のヘリコプターや戦車が並んでいる。自分

空挺隊員はパラシュートを背負い、予備のパラシュートと背嚢、小銃などを携行する。そのため、荷物の総重量は60〜80kgにもなる

自身は戦争に対して絶対否定だが、兵器のもつ独特の機能美には否定できない魅力を感じてしまう。正直に言うと、ワクワクが止まらない。まずは実際に、隊員たちが演習時に使っている戦闘背嚢を背負ってみたが、ずっしりと重く、ショルダーベルトが肩に食い込んできた。

見上げると、とてつもなく大きく見えるパラシュート

「重さは約15kgあって、飯盒、携行糧食、戦闘防弾チョッキ、日用品などを入れています。パラシュートを使う空挺部隊は、さらに主傘と予備傘、小銃なども持つので、自分の体重を含めて150kgくらいの重さまで降下可能です。ただし、歩くだけでも大変ですよ」

その隣に展示されているのが戦闘糧食、通称「ミリメシ」。自衛隊は、警察や消防と同じく国民の生命・財産を守る組織だが、自己完結性という点が異なる。自己完結性とは、作戦行動のために必要な食糧・エネルギー（燃料・電源）・通信設備・移動手段などを自ら確保できる能力のこと。そのため自衛隊だけに、戦闘糧食と呼ばれる独自の食糧がある。そして展示されている糧食は、試用試験と呼ばれる隊員試食アンケート等を経たもので、以前の献立に比べて、栄養価や味などが大幅に改善されているそうだ。

戦闘糧食Ⅱ型がずらりと展示されている。食べるときは、加熱剤を使って隊員自身が温める。かつおカレー煮というメニューは、どんな味なのか気になる

「ここに展示されている戦闘糧食Ⅱ型は、実際に隊員が災害派遣や訓練のときに食べているものです。献立は30種類ほどあって、おいしいものもありますよ（笑）。僕は煮込みハンバーグや炭火焼きしょうが焼きが好きですね」

１９９２（平成４）年、自衛隊がＰＫＯとしてカンボジアに派遣されたことがあったが、そのときに行なわれたＵＮＴＡＣ参加国の戦闘糧食コンテストでは、１位を獲得したこともあるという。

さらに奥に進むとフロアの真ん中に、人気の対戦車ヘリコプターＡＨ－１Ｓ、通称「コブラ」が展示されている。１９６７（昭和42）年にアメリカの航空機メーカーが開発したこのヘリコプターは、世界初の本格的攻撃用ヘリとして、ベトナム戦争で実戦投入されたものだ。高速化のためにスリム化した機体形状や、進行方向と関係なく撃てる旋回銃塔を搭載するなど、攻撃ヘリの元型を作った機体として、今でも高い人気を誇っている。

「後継機のアパッチが登場しましたが、現在もＡＨ－１Ｓは現役で活躍しており、ここではそれに乗ることができます」

コブラという通称は、独特の機体形状で低空飛行する様子が、ヘビに似ていることに由来する

職業としての自衛隊員の魅力とは？

いろいろな装備品等について説明してくれる秋山2曹だが、実際にこれらのヘリコプターや戦車に乗ったことはあるのだろうか？　広報という任務は、敵と戦ったりすることはないように思うのだが。

「私は、訓練でもヘリや戦車に乗ったことはないです。自衛隊は本当に職種がたくさんあるので、所属する部隊が違えば、装備や任務について知らないこともあります。今は私もいろいろと説明をしていますが、広報に就いてから勉強したものがほとんどです。ただ、最初から広報の仕事をめざしたわけではありません。入隊当初は、

コブラは、ヘリコプターとして初めて操縦席の後部にもシートを設けるタンデム配置が採用された

戦車のような主砲がついているが、キャタピラーがない「16式機動戦闘車」。こちらは、移動速度が速いのが特徴で、最高速度が時速100kmとのこと

空挺部隊に入りたかったんです」

先ほども少し触れたが、空挺部隊とは有事が起きた際にパラシュートで最前線に降下し、偵察や奇襲攻撃などを行なう部隊のことだ。日本で唯一の落下傘部隊である陸上自衛隊第1空挺団は、精鋭だけが集まることから〝エリート部隊〟とも呼ばれている。高校もスポーツ推薦で入学したほど運動神経抜群の秋山2曹は、入隊後に空挺部隊をめざしたが、諸事情によって断念。地元の千葉で働ける部隊を探してもらったところ、松戸駐屯地の第2高射特科群に空いている枠があった。

「その部隊の任務は、首都圏に飛来する敵の航空機やミサイルを地対空ミサイルで迎撃することでした。そこでしばらく勤務した後、募集広報の任務を6年ほど務めました。そして半年前に、ここの広報に異動してきたのです。以前は、高校生から32歳未満の自衛隊に入隊できるような年齢の人たちが対象の広報でしたが、今は子どもたちがメインターゲット。同じ広報でも、仕事内容がまったく違ったので戸惑いました（笑）」

募集広報とは、自衛隊員の募集活動を行なう仕事だ。自衛隊の精強さを維持していくためには、若くて体力や能力のある人材を確保する必要がある。そのため自衛隊の仕事の魅力や、やりがいを積極的にPRしなくてはならない。国民の生命と財産を守るという、任務はやりがいがあるだろうが、有事の際は身を挺する覚悟も求められる。さらに日々の訓練など、体力的な負担も大きそうだ。そんな仕事をどのようにPRしているのだろうか？

「**命の危険性については、隊員志望の子たちの親御さんからよく質問を受けました。もちろん、リスクはゼロではありませんが、自衛隊は要請がなければ出動しません。それに比べて、同じく国民の生命と財産を守る警察官や消防士の方々は、連絡があったら平時でも24時間対応しなくてはなりません。そういう意味では、平時のときに自衛隊が危険な任務に就くことは、それほど多くないと思います。また、有事のときは自衛隊だけでなく、国全体が危機に直面しているといえるでしょう**」

さらに自衛隊の仕事の魅力については、「**さまざまな業務に携われること**」だという。確かに装備品等を操作する以外にも、土木建築、調理、医師、音楽、編集など、民間の会社では考えられないほど多種多様な任務がある。さらに特別国家公務員なので、給与が安定している点も安心材料だという。

「**あと、『自衛隊の仕事は、肉体的にキツいんじゃないですか？』と聞かれますが、実際はそうでもありません。僕の姉の例を引き合いに出すと、彼女も自衛官ですが、運動は苦手でした。それでも問題なく自衛隊の任務はまっとうしています。姉は『生きていくだけ**

屋外にずらりと並ぶ戦車は圧巻の見応え。ミリタリーマニアならずとも興奮する

佐世保市にある水陸機動団が所有する水陸両用車「AAV7」。重そうに見えるが、水上ではウォータージェットエンジンで浮上航行できる

の体力があれば、自衛隊ではやっていける』と言っています（笑）。自衛隊員は、全員がアスリートのような体力があるわけではありません。ですから、訓練内容も徐々に体力が上がっていくように考えられています。いきなりキツい訓練をして、新入隊員が辞めても困りますからね（笑）」

情報公開によって自衛隊を身近に感じてもらう

屋外に出ると、スーパーの駐車場のような広い場所に、戦車や水陸両用車、輸送ヘリコプターなどがズラリと並んでいる。なかでも人気なのが、現役で稼働している10式の戦車だ。ちなみに陸上自衛隊では、戦車から小銃まで「○○式」という2桁の数字が付けられている。これは装備化された年度を表わすもので、西暦の下2桁を指す。たとえば10式戦車は、2010年度に装備化されたということ。なお、読み方は「ヒトマル式」と読む。

ほかにも興味深かったのが、地下指揮所の実物展示だ。指揮所は作戦の立案や各部隊への連絡など、戦闘の中枢機能をもっているが、地上だとミサイルなどで壊されてしまう危険があるので、地下に作ることがあるという。

「地下指揮所は、波型の鉄板を42枚組み合わせて作るもので、広さは10㎡くらいあります。ここで指揮官などが、８００人ほどの部隊についての作戦を練ることになります。また、地下指揮所は爆弾の破片から守るために、上に数十センチの土をかぶせることも決まっているんです」

多用途ヘリコプター UH-1は、内部も見学できる。パイロット2人のほかに乗員は10人とのこと。思ったよりもずっと広い

大きな土管のような地下指揮所。8人の隊員が4時間で組み立てることができるそう

AH-64Dの戦闘ヘリのフライトシミュレータ。VRゴーグルをつけると、リアルな操縦体験が楽しめる

とても興味深くおもしろい話だが、自分のような一般見学者に、そんなことまで教えてしまって大丈夫なのだろうか？　ちょっと心配になってきた。

「確かに賛否両論がありまして、『自衛隊はちょっと見せすぎじゃないか』というご意見もあるのですが、さまざまな部分をオープンにしていかないと、多種多様な人材を確保するのが難しいという問題もあります」

防衛省の発表によると、２０２３（令和５）年度の自衛官採用人数は９９５９人で、１万９５９８人の募集計画に対し、達成率は過去最低の51％だったという。そして、防衛費も増加している昨今、ある程度は税金の使い道を明らかにしないと、国民の理解を得られな

2階には自衛隊員たちのオリンピックでの活躍を紹介するコーナーもある

部隊の仲間としての連帯感を高めるために作られる金属製のメダル「チャレンジコイン」。外国の部隊と交流を深めるために交換したものも展示

いのかもしれない。

戦争と歴史について考えさせられる施設「振武臺記念館」

そして、最後に案内していただいたのが、旧陸軍予科士官学校にまつわる資料などを展示している「振武臺《しんぶだい》記念館」だ。「りっくんランド」のある陸上自衛隊朝霞駐屯地は、1941(昭和16)年10月から終戦まで旧陸軍予科士官学校があったところ。この学校は、旧日本陸軍の将校を養成する学校で、難度は東大に匹敵するといわれた。実際に、ここで学んだ生徒の数は1万9147人。そのなかには、のちに政治家になった梶山静六《かじやませいろく》や韓国元大統領の朴正熙《パクヒョンヒ》

りっくんランドと併せて見学したい振武臺記念館。過去の戦争についていろいろと考えさせられる

などもいた。

『振武臺』という名前は、1943（昭和18）年に昭和天皇が行幸された際、学生に対し「将来、益々武を振るえ」と言ったことに由来する。内部は自由に見学可能だが撮影禁止。おすすめは、隊員同行による展示品のガイド解説付きの見学だ（平日限定の事前予約制、ホームページのメールフォームか電話で予約する）。

館内には、玉音放送の複製レコード、開戦や終戦時の新聞、当時の制服や礼服など、歴史好きなら興味深いものが多数展示されている。なかには、特攻隊や玉音放送を聴いた生徒たちが記した血判状もあった。そこには、「忠君」「忠」「國體護持」と並んで「愚」と書かれたものもあり、ハッとさせられた。

「これは、61期生の血判状ですが、16～17歳の人たちが書いたとは思えないような非常にきれいな字ですよね。彼らは志高く入学してきたのですが、戦地に赴くことも卒業することもかなわず、たった4カ月で終戦を迎えました。そのやるせなく、はやる気持ちが込められているように思います」

こうして、秋山2曹に案内をしていただいた約2時間の見学が終わった。戦車やヘリコプターなどのカッコよさを感じられるのと同時に、「振武臺記念館」では、実際に戦争で戦った兵士の気持ちについても複雑な想いが湧いてきた。

世界中のあちこちで紛争が起こっている現在だからこそ、ここに来て戦争について考えてみるとよいと思う。

ARMY SHOP SAKURAで購入したお土産。ポークソーセージは、塩分多めでご飯のお供にぴったり。米パフ入りチョコのネーミング「ときめいて自衛隊」に少し笑った

DATA

所在地：埼玉県朝霞市栄町 4-6
アクセス：東京外環道和光 IC から車で約 5 分。東武東上線和光市駅からバスで約 8 分、下車後徒歩約 7 分。朝霞駅からバスで約 7 分、下車後徒歩約 5 分
休館日：月曜、火曜（祝日の場合は開館、翌平日休館）、年末年始
開館時間：9 時 30 分～ 11 時 45 分、13 時 15 分～ 16 時 45 分（受付時間は閉館の 15 分前まで）
入館料：無料
Tel：03-3924-4176

送水口博物館

東京都港区

まさか自分が、
これほどまでに
送水口に
ハマるとは…

たくさんの送水口に囲まれて
うれしそうな村上さん

土曜日の午後、ＪＲ新橋駅西口のＳＬ広場は、多くの人でにぎわっていた。そこから繁華街を西の方向に歩くこと5分。サラリーマンの街らしい飲食店が軒を連ねる通りの一角に、「送水口博物館」が入っている村上建物ビルを見つけた。

「こんなところに、博物館が本当にあるのだろうか……」と不安に思いながら、レトロな外観のビルに足を踏み入れる。内部にはエレベーターが設置されていないので、階段で4階まで上り、「村上製作所」という会社の中にいた初老の紳士に声をかけた。

中華料理店の看板が目立ち、とてもこのビルの中に博物館があるとは思えない

「送水口博物館は、ここでしょうか？」

「はい、5階へどうぞ！」と言われて紳士のあとについて行くと、屋上の小さな小屋に案内された。内部は12畳ほどの大きさで、入り口には流し台、奥や壁には大きな蛇口のようなものが所狭しと並んでいる。ここが本当に博物館なのだろうか。ちょっと狭すぎるような気もする。

それにしても、なぜ流し台があるのだろう？

「この部屋は、もともとビルの管理人室だったの。それを改装して送水口博物館にしたんだよ。だから、こんなくらいの大きさなんだ。そして、夏は僕のビアガーデンになるから、ジョッキを洗うための流し台も必要なんだよ」と館長である村上善一さんは教えてくれた。

ところで送水口とは、どんなものか知っているだろうか？　高いビルなどで火事が発生すると、地上からでは消火のための放水が届かないことがある。そんなときにポンプ車が消火栓から水を汲み上

こぢんまりとした部屋の中には送水口がいっぱい。壁には寄せ書きが飾られ、大学サークルの部室のような雰囲気

げて、建物内の連結送水管へ送るための口、それが送水口なのだ。

消防士はホースだけを担いで火災現場まで行き、水の出口である放水口にホースをつないで消火活動を行なう。このような送水口は法律によって、7階建て以上のビルや5階建て以上の広い建物、地下街やアーケードなどに設置が義務付けられている。

ビルだらけの東京に住んでいても、これまでまったく見たことがなかった。そもそも、送水口なんて設備があることさえ初耳である。

「まあ普通はそうだよね。でも、送水口はビルなどの消火活動には不可欠で、我々の命を守ってくれる大切なものなんだよ」

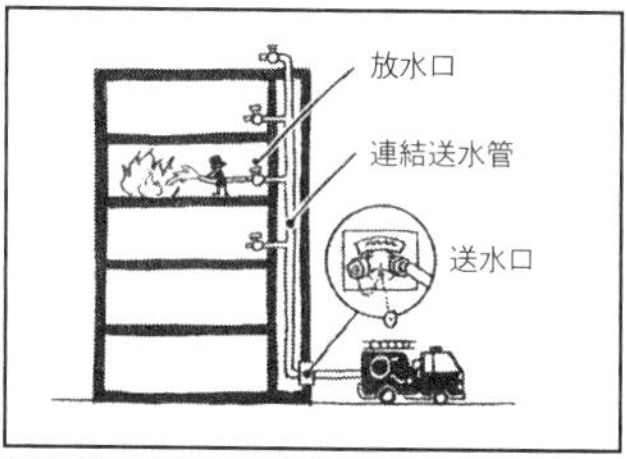

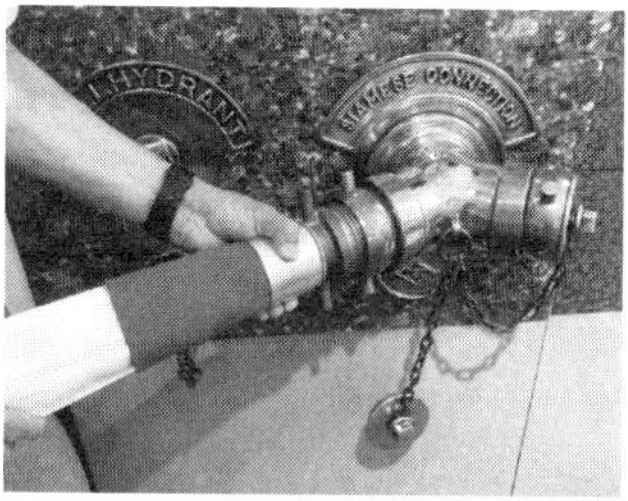

このように消防車のホースを送水口につなげて使用する

関東大震災によって送水口が広まる

そもそも送水口が日本に普及したきっかけは、1923（大正12）年に発生した関東大震災だった。東京のビルが火事によって壊滅的な被害を受けたため、アメリカの消火設備を学ぶべく、渡米した人たちが送水口を発見。「これは便利なものだ！」とアメリカから輸入したことで、日本に広まることとなった。

当時の東京は、震災によって壊れた建物が多かったので、最初期に輸入された送水口は、大阪、神戸、名古屋などの関西エリアのビルに取り付けられたという。

「そのうち東京も復興し、送水口の需要が多くなると輸入だけじゃ間に合わなくなってきた。そこで日本のメーカーも、アメリカの送水口に倣って作るようになっていったの。そのひとつが、僕のおじいちゃんが創業した村上製作所だったんだ」

村上さんの祖父は、消防車のホースが折れにくくなる回転するホース継手などの特許を取得し、１９３５（昭和10）年に練馬区で村上製作所を立ち上げた。その後、体調を崩した祖父に代わって、村上さんの父親が事業を受け継ぎ、１９５０（昭和25）年に送水口の販売を開始。村上さんが生まれたころには、事業を拡大し、芝田村町（現在、送水口博物館のあるエリア）に事務所を構えた。

「その後も、親父は練馬の研究所や岩槻の工場を作ったりしたけれど、１９８０（昭和55）年に亡くなったんだ。そこで僕が三代目の社長になったの」

村上さんも中東に送水口を輸出するなど、さらに事業を拡大。日本消防放水器具工業会会長を務めるなどし、消防用設備の普及や技術向上に尽力されてきた功績によって、２度の叙勲受章の栄誉に浴した。送水口メーカーの草分けとして、親子三代にわたって活躍してきた村上さんだが、博物館を作るほど送水口が好きだったのだろうか？

「まったくそんなことはなかったんだよ。送水口メーカーの社長として、機能面については関心があったけれど、今みたいに自分が送水口を集めたり、美術品のように愛でたりするようになるとは思わなかったね」

送水口マニアとの出会いから博物館設立へ

村上さんが送水口博物館を作ろうと思ったきっかけは、２０１４（平成26）年に届いた一本のメールだった。古いマンホール蓋や送水口を探しながら街歩きを楽しんでいるグループのメンバーから、「丸にＭのロゴの送水口は御社のものですか？」と質問があったのだ。まさしくそれは村上製作所のロゴマークだったのだが、それを機に送水口ファンとの交流が始まった。

「このとき初めて、古い送水口を美術品やアンティーク調度品のように鑑賞している人たちがいることを知ったの。彼らと話しているうちに、純粋に送水口を愛していることがよくわかったんだよ」

その翌々日、出勤途中の村上さんが新橋を歩いていたら、解体途中のビルが目に留まった。しかもよく見てみると、そこには先日話を聞いたばかりの村上製作所がかつて納品した古い送水口があったのだった。これは運命を感じざるを得ない。

「あの人たちに、この送水口を実際に触ってもらったら、喜んでもらえるに違いない」

そう思った村上さんは、解体現場の責任者に直談判。自ら解体道具を持っていき、破棄される寸前の送水口を救出することに成功したのだった。

それから、送水口の歴史や技術の変遷を調べるようになった村上さん。送水口には名前が刻まれたプレートが付けられているが、それが年代によって変わっていることに気がついた。

「昭和初期に輸入された当時は、〝STANDPIPE〟という表記が多かったのが、1940（昭和15）年ごろからは双口という意味の〝SIAMESE CONNECTION〟が主流になっていった。そして、1952（昭和27）年には衛生工業協会規格が示されて、カタカナ表記の〝ザイア（ヤ）ミーズコネクション〟になったんだ」

1952年はサンフランシスコ平和条約が結ばれ、日本が独立を回復した年だ。カタカナになった背景には、占領軍の統治から解放されたことも関係しているのかもしれない。

「そして、1961（昭和36）年には消防法施行令という法律が制定されて、〝送水口〟という漢字表記することが決められた。だから、送水口のプレート表記がアルファベットなのか、カタカナなのか、漢字なのかで、ビルの定礎を見なくても建設された年代がわかるんだよ。これって、すごくない!?」

確かにそれはおもしろい。しかも、カタカナ表記の送水口が作られた時代は、たった10年間しかなかったということは、非常に希少価値があるということだ。

送水口の歴史

昭和初期

アメリカからの輸入品が多く、「STANDPIPE」と表記されたものが多かった

大阪農林会館（大阪市）にある、日本最初期の送水口

昭和15年ごろ〜
「SIAMESE（双口）CONNECTION」と表記された国産製品が普及しはじめた

昭和27年ごろ〜
衛生工業協会規格で「SIAMESE CONNECTION」を「サイアミーズコネクション」とカタカナ表記する基準が示された

昭和36年ごろ〜
消防法施行令で「送水口」という名称が確定。漢字が用いられるようになった

旧県庁分庁舎（横浜市）にあった送水口。村上製作所製

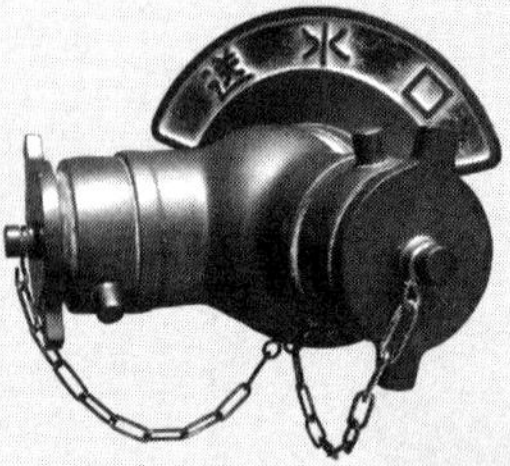

数寄屋ビル（中央区）のもの。2024年現在、現役稼働中

旧第二光和ビルディング（港区）のもの。送水口博物館所蔵

緊急指令！ オールド送水口を救い出せ！

こうして、オールド送水口がいかに貴重であるかを知った村上さんのところへ、送水口ファンのグループである送水口倶楽部のメンバーから再びメールが届いた。

「大変です！ ファンの間では〝目玉〟と呼ばれている送水口がある、ブリヂストン本社のビルが解体されてしまうみたいです！」

東京駅八重洲口にあった旧ブリヂストン本社ビルは、１９５１（昭和26）年に建てられたもの。その送水口は60年以上前に作られたにもかかわらず、メンテナンスがしっかりしていたので、とてもきれいなコンディションを保っていた。送水口倶楽部が主催する街歩きイベントでも必ず立ち寄る地点に設定され、心のよりどころになっていたのであった。

「これはなんとかしなきゃと思ったね。そこで送水口倶楽部さんのメンバーと一緒に、ビルの管理会社に交渉に行ったんだ。『あのブリヂストン送水口は、ファンの間ではとても神々しいものとして

旧ブリヂストン本社ビルから救出された送水口。メンテナンスがしっかりしていたので、今でも軽く布でこするだけで、ピカピカに光る

知られ、至宝、いや国宝と呼ばれていますよ』って話したら、向こうの担当者の方が、おふたりの熱意をオーナーに伝えますと言ってくれたんだ」

そのとき先方から、「うちの送水口を寄贈するのはいいけれど、その後はどうするの？」と聞かれた村上さん。この質問を想定して、あらかじめ準備しておいた「送水口博物館」のパンフレットを見せた。

「そこにはすでに〝2015年11月開館〟と印刷しておいたんだよ」

村上さんは本気だった。それから送水口倶楽部のメンバーと一緒に、自社ビル屋上の塔屋を改装。4カ月間の突貫工事を経て、開館にこぎつけた。

こうして2015（平成27）年11月、世界でも初となる送水口博物館が開館。最初はマスコミなどの反応もイマイチだったが、開館から2〜3年後には新聞や雑誌などにも取り上げられるようになった。そして知名度が上がるにつれ、全国の送水口ファンから村上さんのところへ、送水口の救出願いが届くようになったのだった。当時は東日本大震災を契機に老朽建築物の建て替えが増加。耐震基準の低いビルは解体され、付属設備の送水口も廃棄されてしまう事例が増えていた。

「うちの街のデパートが解体されちゃうんですけれど、あの送水口はなくなってもいいんですか？って連絡が入ると、行かなきゃいけない！って思うんだよ」

村上さんが現地へ行っても、すぐに話がまとまらない場合もある。そういうときは、諦めずに足を運んで顔を覚えてもらい、熱意をもって説得する。すると数カ月後には、レスキューに成功することが多いという。とにかく相手に、どれほど貴重なものかということをわかってもらうことが大切だ。

また、県庁のような行政組織のビルの場合は廃棄する予定だったとしても、県民の財産なので、送水口の寄贈は断られることもある。ただし、その場合は廃棄せずに、きちんと保管してくれることがある。

「うちの博物館にいただくことができなくても、満足なの。廃棄から救出するという使命は果たせたわけだからね。その送水口に会いたいと思ったら、保管庫から出してきてくれて、一緒に写真を撮らせてもらえるしね」

村上さんのなかでは、送水口がいつの間にか擬人化されている。本当にかわいくて仕方がないのだろう。

擬人化といえば、村上さんは送水口を擬人化した絵本も発売している。タイトルは『サイヤ・ミーズのふたり』で、ストーリーは送水口同士が恋に落ちて逃避行をしているうち

YouTubeでも公開されている絵本『サイヤ・ミーズのふたり』。これを見ると、送水口がいかに大切な役割を担っているかが、小さな子どもでもよくわかる（送水口博物館で発売中、1部500円）

に、自分たちの役割の重要性に気づくというもの。ストーリーだけでなく、絵も村上さん自身が手がけた。

知れば知るほど謎が深まる送水口

開館から8年を経て、集まった送水口は32個。年間に3〜4個ずつ増えている。救出してきた送水口は博物館で展示されるが、そのときに村上さんが心がけているのが、設置されていた壁面を再現することだ。展示台はホームセンターで買ってきた材木で作り、そこに床タイルやスプレーを駆使して色や模様をつける。さらに壁の汚れまで忠実に模倣することにこだわっている。

「博物館に送水口を寄贈してくれた人は、どんな感じで展示されているのか気になって、足を運んでくれる人が多いんだ。壁までリアルに作ってあるのを見ると、まずは驚いて、次に喜んでくれるんだよ。展示してある送水口を見ながら、思い出話に花が咲いたりしてね。そういう姿を見るのも、たまらなくうれしいんだよ」

館内には、そんなリアルな送水口の展示物が並んでいるが、ひとつだけ異色のものがあった。双頭のドラゴンで、ちょっと不気味なオブジェのようだ。

「これはガーゴイルという、雨樋《あまどい》から流れてきた水を外に捨てる排水口なんだ。ヨーロッパでは寺院や聖堂に、このような珍獣を模した排水口を付けることで、厄除けにしてきたんだよ。ここから先は僕の想像だけれど、アメリカ人が送水口をデザインしようと思ったとき、きっと何か参考にしたものがあるはずなんだ。それがヨーロッパのガーゴイルなんじゃないかと思っている。学術的な根拠はないんだけれど、もし、僕の説のとおりならロマンがあるじゃない？　来館者にそんな話をしたくて、ここに飾ってあるんだ」

確かに言われてみると、そんな気もしてくるし、一説としては大変おもしろい。

ところで、なぜガーゴイルも送水口も、ふたつの口があるのだろうか。水を送るだけならひとつの口でも充分に、その役目を果たせるはずだ（送水口のなかには単口のものもあるが、ほとんどは双口である）。

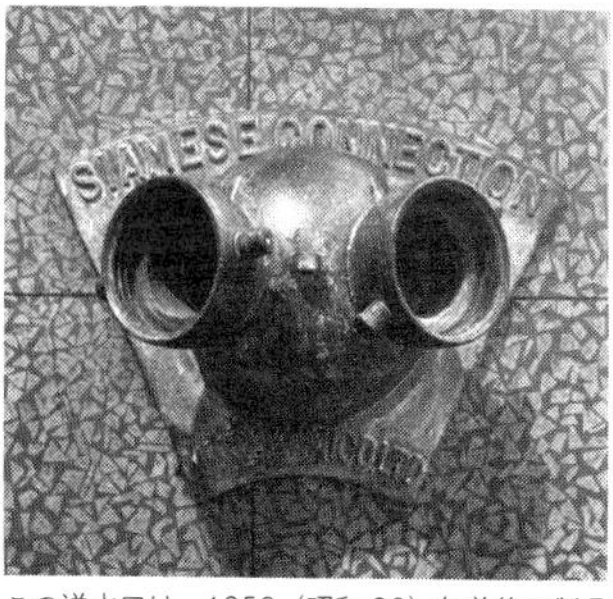

この送水口は、1953（昭和 29）年前後の製品で、現存するものは日本に４つしかないという、村上さん自慢の逸品

「そこなんだよ！　実はなぜ双口なのか、理由はわからないんだ。ただ、僕が考えるには3つの理由がある。ひとつは、ふたつの口から水を送れば、ひとつよりは大量の水が送れるというもの。もうひとつは、火事が起こってホースをつなげたときに、部品の劣化な

ヨーロッパなどで見られるガーゴイル（雨樋の吐水口）。
偶然にも送水口と同様に双口なのが特徴

どの理由で水が送れない可能性もある。それでも確実に消火できるように、バックアップの意味でふたつ取り付けたとも考えられる。そして最後は、消防車が送水口の手前に停まるか、行きすぎて停まるかがわからないから、ふたつの向きを用意したかったというもの。双口にデザインした経緯についての記録がないので、正解はわからないんだけれど、そのわからないっていうのが、また、おもしろいじゃない！」

送水口博物館の帰り道で送水口を発見！

送水口博物館の開館日は月に4〜6日で、1日に7〜8人の来館者がある。村上さん自身は、もっと開けたいと思っているが、仕事もあるので現状が精いっぱいだという。しかし、開館日が少ないのに、Google Mapの口コミを見ると絶対数は多くないものの評価は4・5と非常に高い。

「だって、タダじゃ帰さないからね。送水口に興味をもってもらえるように、徹底的に説明するから。そこまで説明を受けたら、いい評価をつけないとマズイなって思うんじゃない（笑）」

そう言って村上さんは謙遜するが、お話は本当におもしろい。つい2時間前は、送水口なんてまったく知らなかった自分も、いつの間にか引き込まれてオリジナルグッズまで購入してしまった。

最初はずいぶん狭い場所だなと思ったが、逆にこの大きさだからこそ、来館者と村上さんが気軽に話し合えるのだと気がついた。マニアックな友達の部屋に、遊びに来た感覚だ。まさに、これこそアットホーム。

「まだまだ夢は、いっぱいあるよ。もう少し集まったら、製作したメーカーごとの企画展なんかもやってみたいね。村上製作所特別展とか、建設工業社特別展とかね。あとは国内に特化しすぎているから、外国のものも置いてみたいのよ。それも新品じゃなくて、ニューヨークやソウルの街角のビルで使われていた送水口なんかが欲しいね」

＊

送水口博物館からJR新橋駅までの途中で見つけた送水口。村上さんに出会わなければ、気づくことがなかっただろう

取材を終えて、自分は50年以上も生きてきたのに、送水口について無知だったことが少し恥ずかしくなった反面、俄然興味も湧いてきた。たぶんこれからは、老朽化したビルを見るたび、外国に行くたびに送水口を探すことだろう。そして、グッとくる送水口を見つけたら、ぜひとも村上さんに写真を送ろう。

そんなことを考えながら、新橋駅まで歩いていたら早速、見つけてしまった！　一度知ってしまったからには、もう戻れない。ついに自分も、送水口の沼に一歩だけ足を踏み入れてしまったことを実感した一日であった。

DATA

所在地：東京都港区新橋 2-11-1
村上建物ビル 5 階
アクセス：JR 山手線新橋駅西口から徒歩約 5 分
開館日：木曜、隔週土曜
＊開館日は HP で確認できる
開館時間：14 時～ 19 時
入館料：無料
Tel：03-3591-2188

時刻表ミュージアム

東京都中野区

私があなたの
時間旅行のアテンドを
させていただきます

「奥さんには家計に影響がないように釘を刺されていますが、私の趣味を理解してくれているのはうれしいです（笑）」

世の中にはさまざまなマニアが存在するが、そのなかでも王道といえるのが〃鉄道マニア〃だろう。これまでに埼玉県の「鉄道博物館」や群馬県の「碓氷峠鉄道文化むら」など、多くの鉄道関連博物館に足を運んだが、どこも展示がとても充実していた記憶がある。

そこで、さらにマニアックな鉄道博物館がないかと検索していたところ、2022（令和4）年、東京の中野区に〃時刻表〃をテーマにしたプライベートミュージアムがオープンしたとの記事を見つけた。これは行かねばなるまい。すぐに観覧希望のメールを送った

 写真／大関直樹

ところ、「ご来館3日前ごろ、当館所在の詳細な場所と入館方法をご案内します」という丁寧な返信が届いた。

ホームページには所在地が記載されておらず、3日前にならないと行き先がわからないというのもミステリアスな雰囲気で楽しい。当日、案内されたマンションのエレベーターを降りると、すぐ横のドアに「時刻表ミュージアム／時間旅行研究所」と書かれたプレートが掲げられていた。チャイムを鳴らすと、車掌長（ミュージアムのオーナー）である鈴木哲也さんが、満面の笑みで出迎えてくれた。

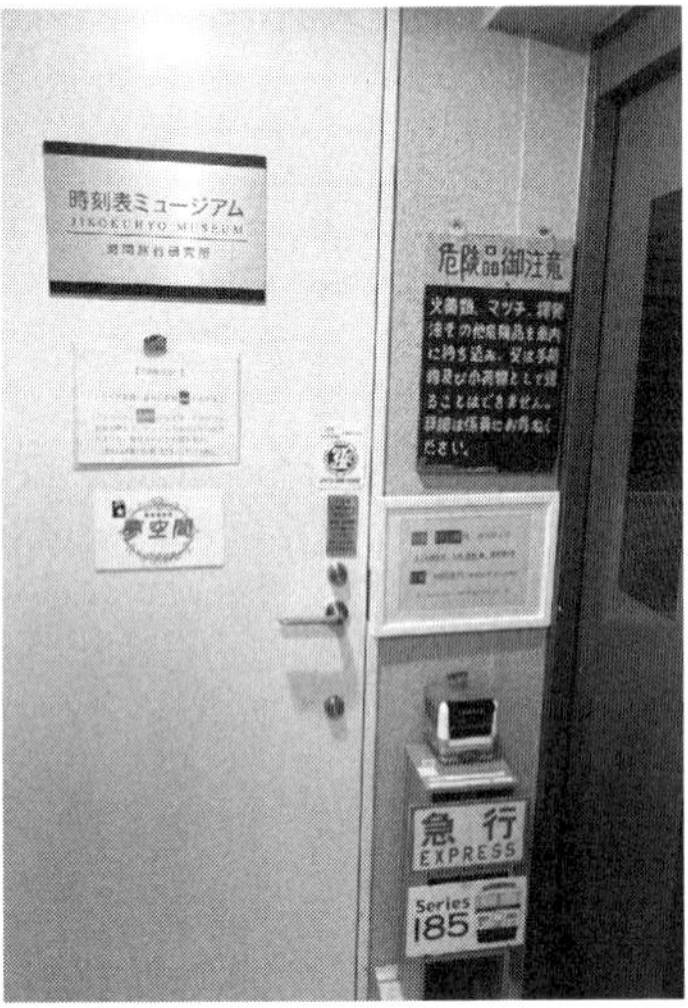

時刻表ミュージアムの入り口、「時間旅行研究所」という看板が、なんとも期待を膨らませてくれる

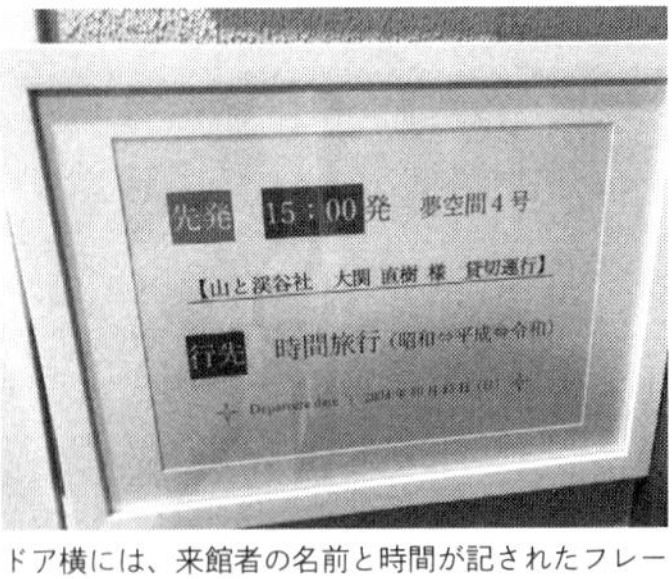

ドア横には、来館者の名前と時間が記されたフレームが。これを毎回作り替えているのは手間がかかると思うが、ホスピタリティを感じる

ブルートレインと3段寝台車を再現

早速、中へ入れていただくと通路の右側には青い壁があり、「特急富士／西鹿児島」というプレートがついている。2015（平成27）年に全廃となってしまった寝台列車、ブルートレインだ！

「そうなんですよ。これは『特急富士』という、日本でいちばん長い距離を走っていたブルートレインを再現したものです。東京駅を18時に出発し、終点の西鹿児島駅（現在の鹿児島中央駅）に翌日の18時26分に到着する、24時間以上走り続ける列車だったんですよ。子どものころから、この列車に乗りたくてたまらなかったのですが、残念ながら願いをかなえることはできませんでした。そのことは、今でも未練が残っています」

この壁の青色はブルートレインのカラーであった〝青20号〟という、特殊な塗料を業者に探してもらったという。鈴木さん曰く、「世の中でいちばん好きな色」とのことだ（巻頭カラーページ参照）。通路の反対側に目を移すと、列車のプレートやグッズなどが並べられた3段の棚があるが、なぜか中・下段にはカーテンがついている。

「これは1980年代半ばまで使用されていた、寝台列車の3段式ベッドを少しサイズ

3段の寝台列車を再現した陳列棚。本物は、幅がこれより12㎝ほど広いとのことだが、こんな狭いところで寝るのは大変だったろう

ダウンして再現した棚です。昔は上・中・下という、3段式の寝台列車があったんですよ。今の私たちから見ると狭く見えますが、当時は〝走るホテル〟といわれて、なかなか予約が取れなかったと聞いております」

さらに奥まで進むと、大きめのワンルームマンションほどの広さの部屋に列車名の表示板、駅で実際に使われていたスタンプ印、ホームにあった乗り場案内など、懐かしい鉄道グッズで埋め尽くされている。

そして本棚には、このミュージアムのメイン展示物である時刻表886冊（2024年12月現在）が、ぎっしりと並ぶ。これは鈴木さんが中学生のときから集め始めたもので、そのほとんどは実際に手に取って閲覧可能だ。

44年間の鉄道愛が時刻表ミュージアムとして結実

「私が時刻表を買うようになったのは、中学生のときからです。毎月のお小遣いとして1000円をもらえるようになったのですが、そのうちの500円で時刻表を買いました。それ以来44年間余り、今でも毎月買っているんです」

鈴木さんと鉄道との出会いは保育園時代に遡る。ひと駅先の保育園に電車とバスで通園していたが、今から考えると、そのときは「旅をしているような気分」になっていたという。そして小学校1年生のときに、父親から時刻表というものが存在していることを教わった。

「それをきっかけに、列車の乗り換えや乗り継ぎに興味をもったんです。自分で時刻表

本棚には時刻表がずらりと並ぶ。最近でも月に平均6万部は発行されているとのこと

鈴木さんが小・中学校のころにハマったという「銀河鉄道999」のコーナーも充実している

を見て、乗り継ぎしたら、どこまで行けるかを調べたりして。それがいまだに続いているんですね。列車の乗り継ぎ・乗り換え好きが嵩じてか、人生でも転職を8回ほど繰り返してしまいました（笑）」

小学5年生のときには、ひとりで夜行列車に乗りながら、名古屋から紀伊半島を一周する鉄道旅をしていた鈴木さん。中学生になると時刻表を駆使して、夏休みや冬休みには、青森や鹿児島へも鉄道で出かけるようになっていた。しかし、当時の鉄道マニアは「ネクラ」というイメージが強く、まわりの友達に鉄道好きであることを言いだせなかった。

「当時の雑誌には女の子にもてないタイプの代表として、鉄道ファンが挙げられていましたしね（笑）。ところが、担任の先生が『このクラスには、自分で時刻表を調べて、一人旅をしているスゴイやつがいる』と褒めてくれたら、学年中で一目置かれるようになったんです。それをきっかけに自信がつきました」

大学を卒業した鈴木さんは旅行会社に就職。その後、旅行関係の専門学校の講師、オーストラリアでの日本語教師などを務めたが、外国在任時も両親に頼んで時刻表を買い続けていた。

「それが30年で360冊ほどたまったとき、箱に入れてしまっていた時刻表を並べて見てみたいという衝動に駆られたんです。でも、自宅ではスペース的に無理だったので、中野サンプラザの会議室を借りて展示会を開催したんです」

その際、関心のありそうな周囲の鉄道ファンに声をかけると同時に、新聞社にも情報を伝えたところ、2紙が記事を掲載してくれた。結果、「ぜひとも行きたかった」「よかったら、この時刻表を差し上げます」といった反響が寄せられたという。そこで翌年からは、鈴木さんが買い始めた以前の時刻表も買い集め、まとめてネット上でアップし、「哲×鉄」というサイトを立ち上げた。

オークションで入手したというステンレスのJNRプレートは、レアアイテムとか。この前で記念撮影する鉄道ファンも多い

「すると、『●年の▲時に岡山から東京へ向かった寝台特急の名前を教えてほしい』といった問い合わせのメールが来るようになったんですよ。こうして、いろいろな人の過去の

思い出をたどるお手伝いをしていくうちに、時刻表は単なる情報ではなく、古い記憶や思い出を呼び起こさせてくれる存在であることに気がついたんです」

ＪＴＢ時刻表の前身である『汽車時間表』が日本旅行文化協会から発刊されたのは、１９２５（大正14）年のこと。誕生から１００年近くたっているということは、現在生きているほとんどの人の過ごしてきた時間が、時刻表のなかに刻まれていることになる。

そこで鈴木さんは、「**自分が所有している時刻表を実際に手に取って、多くの人に見てもらえたらおもしろいんじゃないか**」と考えた。

そして、実際にその夢をかなえたのは、

現在、展示品の総数は4000点以上。鉄道好きではなくとも、どこかで目にしたものを見つけられる

2022（令和4）年の春だった。

「ちょうどコロナ禍で、仕事以外のことに時間を費やせる余裕ができたことなどから、自宅の空き部屋を改装して時刻表ミュージアムを開館したんです。オープン当初に新聞で大きく取り上げていただいたこともあって、すぐに予約をいただくことができました」

鈴木さんが愛してやまない東海道新幹線0系の3人掛け座席。奥に見える窓ガラスも実物なので、ここに座ると新幹線に乗っている気分を味わえる

時刻表が呼び起こしてくれるエモーショナルな記憶

時刻表ミュージアムに展示しているアイテムは、鈴木さんが長年かかって個人的に集めたコレクションだ。とはいえ、館内の改修費用はそれなりにかかった。返済のためにローンを組んだが、入館料だけでは足りないので、結果としては持ち出しの状態が続いている。

「本当に来たい人だけ、来てもらえたらいいと思

鉄道模型は、ハマると怖いと思って手をつけていなかった鈴木さん。ミュージアムには子どもが来ることもあると考えて、恐る恐るヤフオクで買ったとのこと

って、1組（3人以内）45分で3000円に設定しました。幸いなことに、『高い』っておっしゃった方はいないんですよ。むしろ、『これだけいろいろなものがある空間で、時間を過ごすことができて、3000円以上の価値がある』と言っていただけるのはありがたいなと思います」

実際に足を運んでくれるお客さんの客層としては、大きく3つに分かれるという。

「いちばん多いのは50歳以上の男性がひとりで来館されるケースです。次に多いのがカップルやご夫婦で、どちらかが鉄道好き。そのパターンだと、鉄道にあまり興味がない方のほうから申し込むケ

ースが多いんですよ。マンションのドアにたどり着くまでちょっと怪しい感じもありますが、ドアを開けた瞬間に好きな世界が広がっていて相手が喜ぶ、サプライズプレゼントですね（笑）。3つ目が、親子や鉄道好きのグループ3人で来るパターンです」

50歳代の男性がいちばん多い理由について、鈴木さんは次のように語る。

「私もその世代に含まれますが、子どものときに鉄道旅行がおもしろい時代だったと思うんですよ。夜行列車はいっぱいあるし、ブルートレインも、長い距離を走る鈍行列車もある。たぶん、今では味わえないような鉄道旅行の醍醐味を体験した人たちが、その年齢なんですね。そんな方たちが時刻表を見ながら、自分の記憶を蘇らせるためにいらっしゃるんじゃないでしょうか」

まさに過去への時間旅行である。実際に時間旅行を体験した来館者が残した感想で、鈴木さんの心に深く刺さった言葉がある。それは「時刻表のなかに亡くなったおばあちゃんが生きていました。おばあちゃんに久しぶりに会うことができました」というものだ。その来館者は、普段はおばあちゃんのことを思い出すことも少なくなっていたのかもしれない。しかし、時刻表を開いたことで、おばあちゃんと一緒に乗った列車の記憶が蘇ってきたのだろう。

「時刻表自体は、駅名と時間の羅列でしかありません。しかし、そこにはいろいろな方の過去の思い出が埋まっているんですよ。私も初めてお会いする方の過去をうかがって、感動したり、共感したり。ある来館者の方は、就職で上京してきた列車で、母親が持たせてくれたお弁当の具まで思い出されたそうです」

そんなエピソードを聞いているうちに、自分も何かを思い出したくなってきた。鈴木さんに相談しながら１９７４（昭和49）年の北海道の時刻表を探してもらう。

おばあちゃん子だった自分は、小学生時代の夏休みや冬休みになると、祖母がひとりで住む紋別という漁師町で過ごしていた。

鈴木さん自慢の逸品、1946年4月の時刻表。アメリカ占領下だったので、英語も併記されている

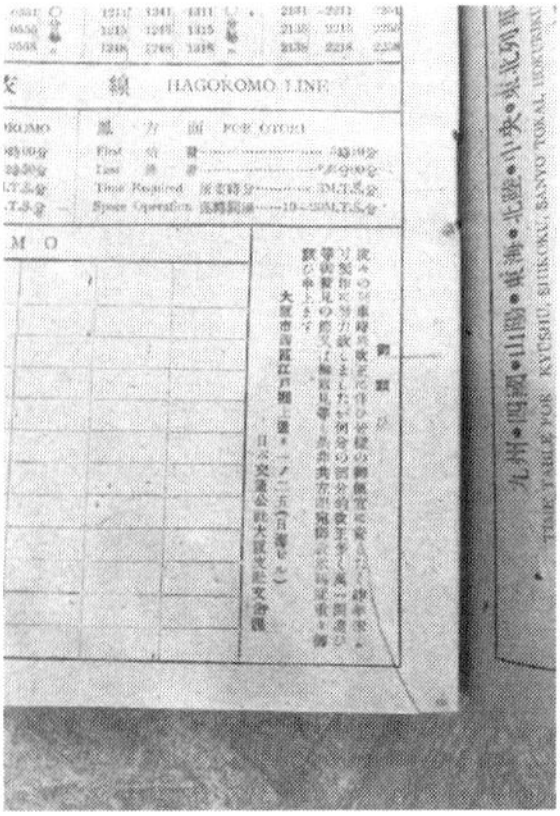

鈴木さんが感動したという1946年の時刻表に記された「御願ひ」

鉄道好きの有名人もたびたび訪れている。JTB時刻表の第17代編集長のサインもある

休みが終わりに近づくと、祖母が私を実家に連れて行ってくれるのだが、そのとき乗った列車が「急行紋別」だった。

紋別駅を6時25分に発車し、札幌駅到着は12時7分。オホーツク海から吹き付ける雪が舞うなか、早朝の暗い雪道を祖母と手をつないで、紋別駅まで歩いたことを思い出す。ディーゼル車の暑い暖房に汗をかきながら、祖母がむいてくれたミカンを食べる自分。確かに時刻表で駅名と時刻を見ているだけで、記憶の底からさまざまな思い出が蘇ってきた。

「時刻表は毎月発行されているので、最新号が出たら、古いものはただの過去の情報。捨てられて当然の存在でした。でも、

たまたま捨てきれず取っておいたおかげで、多くの人の思い出を蘇らせる資料になりました。ちょっと大げさかもしれませんが、時刻表は〝歴史の生き証人〟といえると思うんです」

次世代に伝えたい
時刻表が語る人生の教訓

鈴木さんの今後の夢は、1925(大正14)年の創刊号からすべての時刻表をそろえることだ。しかし、なかなかそのハードルは高い。というのも、戦中戦後の混乱で発行元のJTBでさえ全巻をそろえておらず、捜索中のものが29冊あるという。そのうちの一冊、1

子どものころから鈴木さんが集めた鉄道関係の雑誌なども展示。若いころからきれいな状態で蒐集していたことがよくわかる

昔の駅のホームは、ワイヤーに列車の号車札がぶら下がっていた。自由席のところには、早くから行列ができたことを思い出す

946（昭和21）年4月号は、鈴木さん自慢のお宝だ。

「この時刻表を手にしたとき、本当に感動しました。戦争が終わってわずか半年。物資が不足するなかで電車を動かし、時刻表を作り上げた人たちがいたんです。その時刻表には『もし間違った記載があったら教えてください』というお願いが記されていました。何もかもが混乱していた時代に、こんなにも真摯に、時刻表作りに取り組んでいた人たちがいたことに胸を打たれました」

そして、もうひとつの鈴木さんの夢は、息子さんに時刻表のすばらしさを伝え、次世代に継承していくことだ。

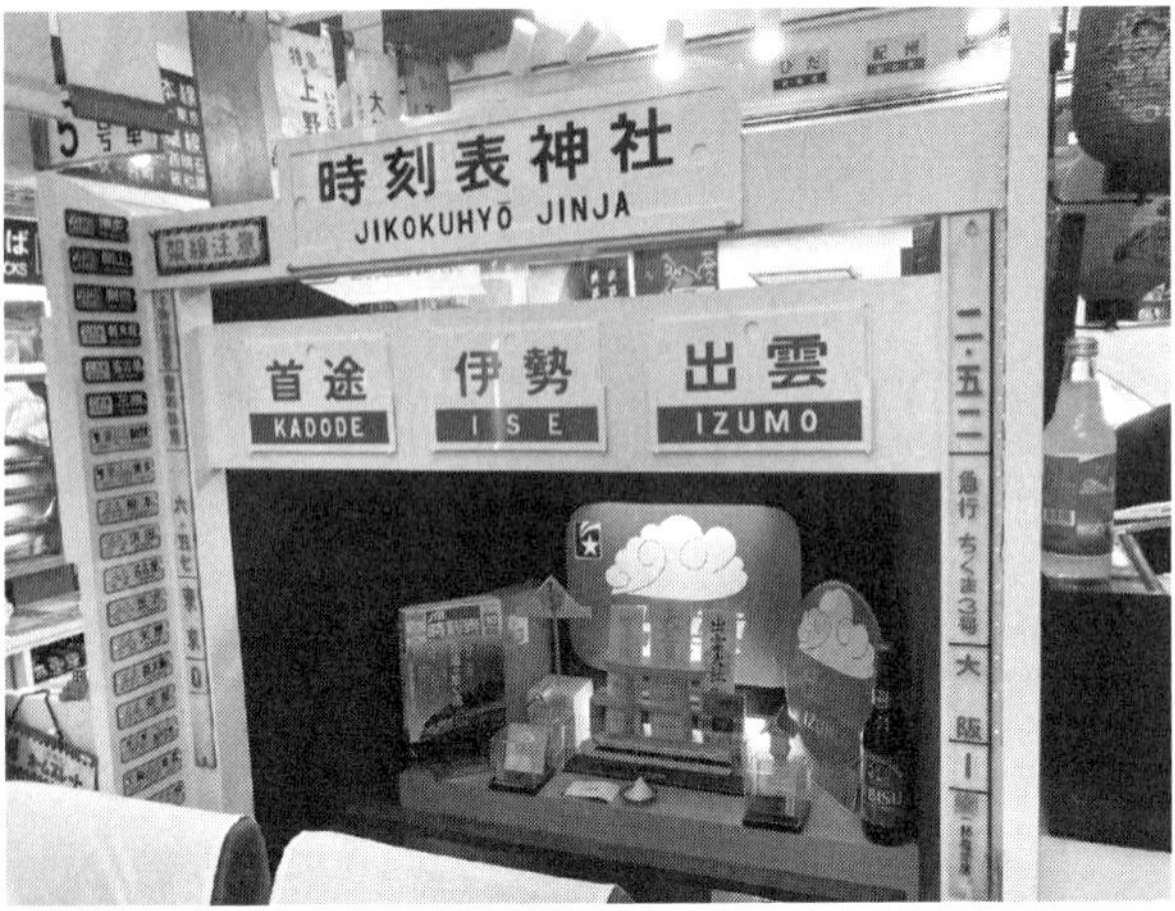

「日本には八百万の神といって、いろんなものに神様がいるという信仰があります。私にとっては時刻表に神様がいるという思いで時刻表神社を作りました」

「デジタル全盛時代に、紙媒体の時刻表が衰退していくのは自然なことだと思います。それでも小学6年生になる息子に、時刻表の使い方を教えたら、楽しんで使ってくれているんです。私は時刻表を使いこなすことによって、時間を逆算して納期や期日を守る力が身につくと思っています。目的地に着くためには何時に出ればいいかを考える。その習慣が人生でも、きっと役立つのではと思います」

さらに時刻表によって乗り換えを駆使する技を学ぶことで、人生でも選択肢を探し出し、自分の道を決める楽しさを知ることができるようになるという。

「A地点からB地点に行くとき、アプ

りで調べたら、簡単に最短・最速ルートを調べられます。でも時刻表を俯瞰していると、途中下車や遠回りなど、いろいろなルートを発見できるんです。それは人生にも通じる部分があるんじゃないかと思います。自分の人生を振り返っても最速、最短で目的地にたどり着いた経験なんて、めったにないじゃないですか（笑）。むしろ思うようにいかないときのほうが多い。だから息子には、『ひとつのことにつまずいても、いろんなルートや生き方があるよ。心配するな』と伝えたいですね。

先ほど申し上げた転職なんかもそうですけれど、多少時間がかかったって、最終的に目的地に着いたらOKなんです。遠回りしたって、その道中が楽しければいい。最速ばかりが価値があるわけじゃないんです。回り道だって、ほかの人が見ない景色を見ることができるから、楽しいよって伝えたいですね」

DATA

所在地：東京都中野区中野
アクセス：JR 中央線中野駅から徒歩約 10 分
開館日：土曜、日曜、祝日
開館時間：10 時〜 16 時（昼休憩 12 時〜 14 時）
入館料：1 組 3000 円（45 分、3 人まで、完全貸切制）
Tel：非公開

大勝庵 玉電と郷土の歴史館

東京都世田谷区

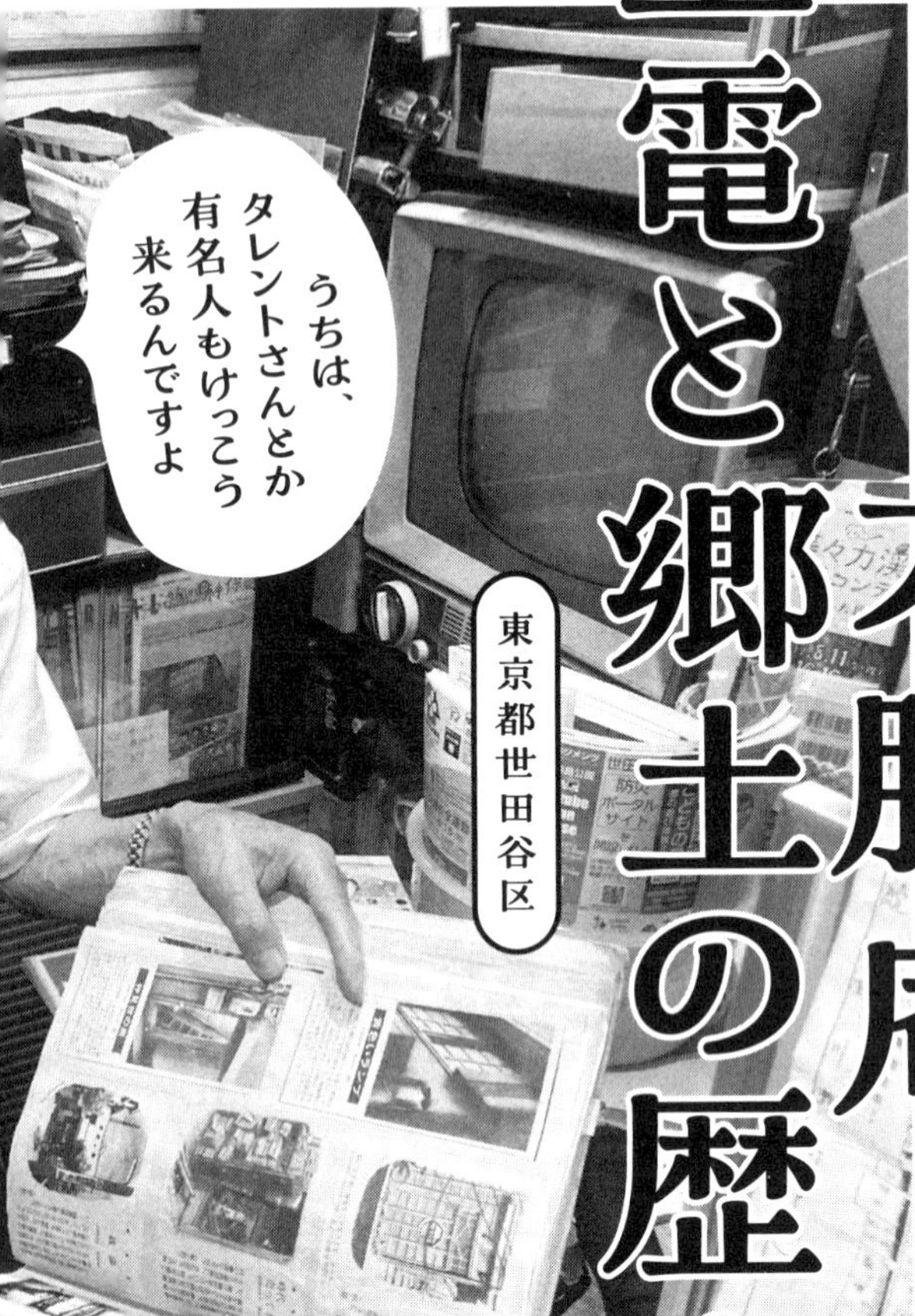
うちは、タレントさんとか有名人もけっこう来るんですよ

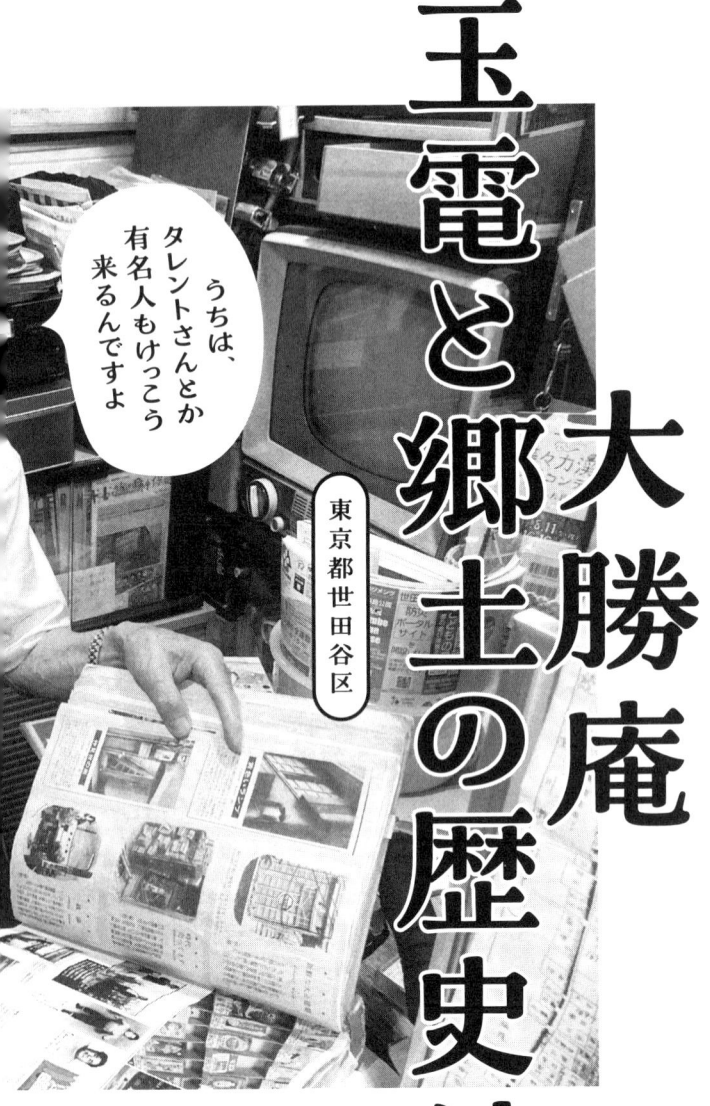

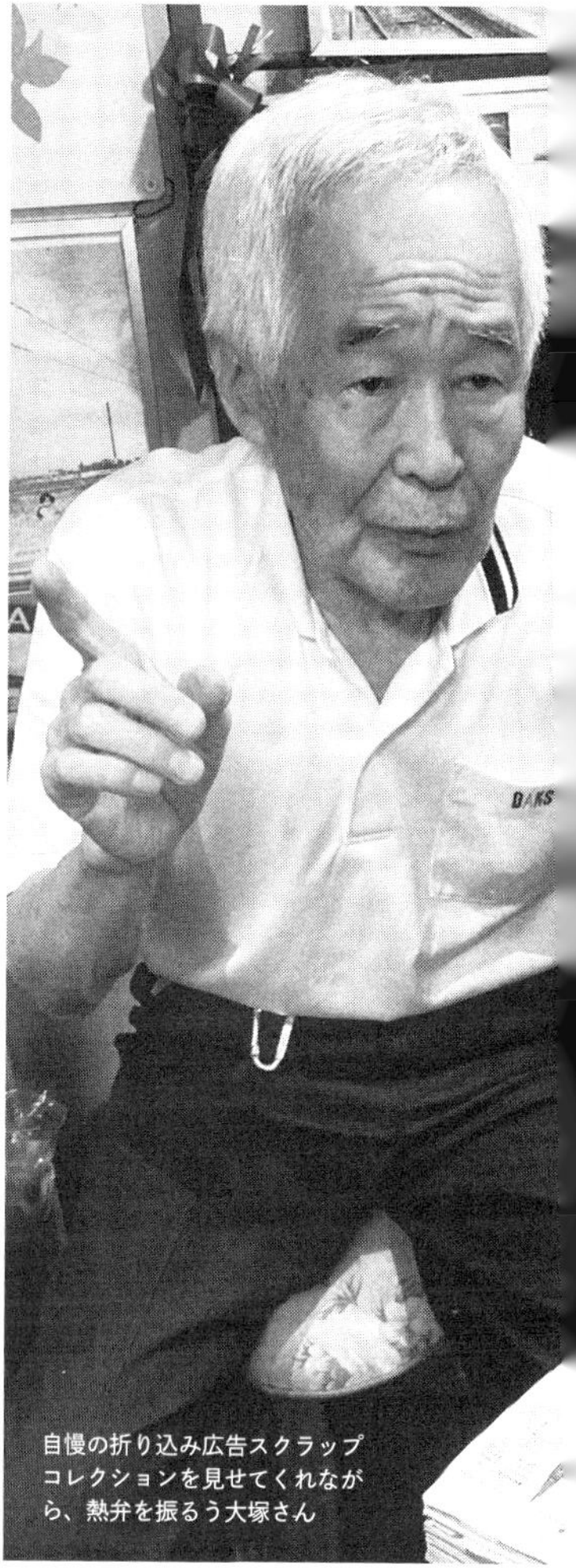
自慢の折り込み広告スクラップコレクションを見せてくれながら、熱弁を振るう大塚さん

「うちの展示品のなかでいちばん見てほしいのは、やっぱり玉電の運転台だね。玉電は僕が生まれた瀬田でも、そば屋の修行をした三軒茶屋でも、目の前を走っていたから、本当に思い出があるのよ。幼いころは、こんな鉄の塊が動いているのが不思議だなって思ってね。１９６４（昭和39）年の東京オリンピックのころに玉電がなくなるって噂を聞いたんだけれど、本当になくなったら世の中どうなるんだろうと思ったよ。それぐらい玉電は、僕の生活に溶け込んでいたんだ」

　写真／大関直樹

館内は12畳ほどの大きさ。そこに鉄道関係や家電、昭和レトロのグッズがひしめき合うように展示されている

「大勝庵 玉電と郷土の歴史館」は館長である大塚勝利さんが、玉電ゆかりの品や昭和レトロな生活用品などを展示している私設博物館だ。1970（昭和45）年にそば処大勝庵を開業した大塚さんは、当初より店内にさまざまなグッズを展示。お店自体は大塚さんの体調不良もあって、2011（平成23）年に店仕舞してしまったが、周囲のすすめがあってそば屋があった場所に博物館をオープンした。

渋谷と玉川（現：二子玉川）を結ぶ「玉川電気鉄道」（通称：玉電）が開通したのは、1907（明治40）年のこと。当時は帝都東京近郊の農村地帯だった世田谷の開発と、多摩川で採取した砂利の運搬が目的であった。そのため〃ジャリ電〃と呼ばれることもあったという。

鉄道の開通に伴って世田谷では電気が引かれたほか、玉川遊園地や関東初の分譲住宅が建設されるなど、玉電は世田谷・玉川地域の発展に大きく寄与。1924(大正13)年には、玉川〜砧間(砧線)、翌年には三軒茶屋〜下高井戸間(現在の世田谷線)、1927(昭和2)年には玉川〜溝ノ口間を開業するなど、着々と路線が延長されていった。

そして、1938(昭和13)年には、現在の東急電鉄の前身であった東京横浜電鉄と合併。正式名称こそ玉電ではなくなったものの、世田谷住民は愛着を込めて〝玉電〟と呼び続けた。

大塚さんのお店に、玉電71形の運転台がやってきたのは2000(平成12)年。お店の常連さんのなかに東急電鉄の人がいて、そのつながりで譲り受けた。それを大工さんと鉄道ファンと一緒に1カ月をかけて組み立てたという。レバーや計器類も当時のままで、来館者は運転席に座ることもできる。

1961(昭和36)年、東急玉川線玉電中里駅の風景。
玉電は、それから8年後に廃止された

「もう、これがうちに来たときはうれしくてね。新聞紙と枕を持ってきて、記念に一晩、運転席で過ごしたんだよね」

思い出すと今でもつらくなる そば屋の修行時代

決して広くない館内は、たくさんのものであふれかえっていて、バックパックを背負っていると展示物にぶつかりそうになる。もう少し整理して展示したほうが見やすいのではと思うが……。

「戦後のモノがない時代を過ごしてきたから、とにかくモノが捨てられないんですよ。だから、なんでもかんでも集めちゃってね。今もあちこちから『これを差し上げます』ってお話があるんですが、さすがにあまり大きいものはお断りしているんですよ。ほら、自分が死んじゃうと処分するのが大変だからさ」

大塚さんが生まれたのは１９４３（昭和18）年。両親は世田谷区瀬田の農家で、兄弟も多

館内にある玉電の運転席。ハンドルレバーを握ると運転手になった気分が味わえる

く家は貧しかった。中学校を卒業した大塚さんは、手に職をつけるために夜間高校に行きながら、三軒茶屋のそば屋で修行を始めた。きっかけは親のように慕っていた8歳年上の姉が、三軒茶屋のタバコ屋に嫁いでおり、近所のそば屋さんが若者を募集していたからだという。

「戦後は米が少なかったから代用食といって、うどんやそばを食べることが多かったんですよ。僕は中学生のときからそばを打っていたんだけれど、家族に『うまい！』って褒められてね。それで、そば屋の修行に行くことに決めたんですよ」

大塚さんが働きだしたそば屋は、玉電の三軒茶屋電停前に位置し、とても繁盛していた。しかし、修業の道は厳しかった。仕事で怒られては、しょっちゅう姉の家に駆け込んで慰めてもらっていたという。

「姉は甘やかせてくれるんだけれど、旦那さんはしっかりしていてね。『ここで辞めて別のところに行くと、また下働きから始めなきゃならない。もう少し我慢しろ』って言われたんだよね。その言葉で、ハッと気がついたんだな。だから、その人がいなければ僕はそば屋をやることもなかったし、今のような博物館を開くこともなかったんじゃないかと思っているんですよ」

修行期間は8年に及んだが、なかでも忘れられない思い出は、三軒茶屋の交差点の真ん中で自転車の前輪が線路の溝にハマってしまい、出前のそばをぶちまけてしまったことだ。

「もう頭が真っ白になっちゃってね。でも、交通整理のお巡りさんと近所のお店の人が片付けを手伝ってくれたんだ。本当にありがたかったな。自転車で出前をしていて、よそ見をしていると、すぐにハマるんだよね。でも出前機が出てきてからは、そんなこともなくなったな」

大塚さんが修行を始めた昭和30年代は、バイクの後ろに岡持ちなどを積載できる出前品運搬機（出前機）が普及していなか

そば屋の主人が考案したという出前機。現在でも需要がなくならないため販売されている

った。その後、高度経済成長によって交通量が増加してくると、出前をする職人が交通事故に巻き込まれることも増えてきた。そこで1959（昭和34）年に、東京都のあるそば屋の主人が、空気バネを利用して、そばを安定して置ける台を製作。発売当初はそれほど広まらなかったが、1964（昭和39）年の東京オリンピックを契機に一気に普及した。というのも、聖火リレーの運搬に出前機が使われたからであった。

日本全国を巡る聖火リレーでは、アクシデントによって、聖火が消えてしまったときのために予備ランプが準備された。しかし、当時の日本は未舗装の道路が多く、運搬中の振動によって消えてしまう事態も考えられた。そこで、乗用車の後部座席に出前機を搭載。見事約7000kmの聖火リレーを伴走した出前機は、東京の秩父宮記念スポーツ博物館に聖火ランプとともに保管されているという。

「修行時代は、本当に働きづめだった。両親から〝人に尽くせば自分に幸せが返ってくる〟って言われていたから、修行先には尽くそうと思ってね。井沢八郎の『あゝ上野駅』って集団就職のことを題材にした歌があるでしょう。あの歌を聴くと今でも胸にじーんと熱いものが込み上げてくるんだよ。自分でもよくやったなと思って。誰も言ってくれないから自分で言うのよ（笑）」

毎日新聞社長秘書にもらった活字が宝物

こうして苦しい修行時代を乗り越えて、大塚さんは現在の地にそば処大勝庵を開業。1970（昭和45）年、大阪万博が開催された年だった。

「三軒茶屋のそば屋では、お客さんにかわいがってもらっていたね。よく出前に行っていた年上のお姉さんに、『これまでお世話になりました。この5月で辞めることになったんです』って言ったら、『寂しくなっちゃうね』なんて言われてさ。そしたら『あなたのフルネームを聞かせてください』って言われたんだよ。『俺のフルネームなんて、ろくなものじゃないですよ』と言いつつも名前を書いたの。そしたら僕の名前の活字を作って、持ってきてくれたんだ」

そのお姉さんはいつも和服をビシッと着て、玉電に乗っていたので、目立っていたという。昭和40年代になると洋服が一般化し、若い女性で和服を着こなせる人は少

現在は、博物館の中央に飾られている大塚さんの名前が彫刻された活字。左の「毎日新聞」と印刷された題字は昭和 40 年代のもの

なくなっていた。

「あとからわかったんだけれど、その人は毎日新聞社の社長秘書だったんだよ。だから活字をくれたんだね。これをもらったときは、自分が一人前だと認められた気がしてうれしかったよ」

しかし、そんな大事な活字を大塚さんはなくしてしまった。自分のお店を始めてからは、生来の蒐集癖に磨きがかかり、いろいろなものを集めているうちに見失ったという。

「日めくりカレンダーに書かれていた言葉にグッときたの。これは僕の人生のモットーだな」（大塚さん）

「でもね、ほかのものを探していたとき、ヒョイと偶然出てきたんだよ。驚いたね！ それからは、なくさないように飾ってあるの。これは、僕がそば屋になった原点だからね」

こうして大勝庵を開店した大塚さんは、捨てられなかった玉電関係のグッズや空き缶やおもちゃ、オーディオ機器などをお店に展示。それを見たお客さんが、「よかったら展示してください」と持ち寄ってくれるため、どんどんと展示物が増えていった。現在のところ蒐集品は２０００～３０００点。その正確な数は大塚さんも把握していない。

玉電の話に戻ると、第二次世界大戦後も、世田谷住民の足として愛されてきた玉電だったが、昭和30年代になると自動車が爆発的に普及。国道２４６号を走る自動車に行く手を阻まれて、定時運行ができない状態となった。当時のドライバーからは〝ジャマ電〟と呼ばれることもあったという。そこで国道２４６号の上に首都高速道路を整備し、多摩地域と都心を地下鉄で結ぶ鉄道計画が浮上。ついに１９６９（昭和44）年には、代替バスを運行できる平行道路がない世田谷線を除いて全線が廃止となった。これによって、開業以来63年にわたった玉電の歴史は幕を閉じたの

大塚さんが撮影した玉電の花電車。多くの老若男女が最後の姿を目に焼き付けようと集まった

だった。廃止直前には「さようなら玉電」と飾られた花電車が運行され、別れを惜しむ人々でにぎわった。それは、大塚さんがそば屋を開業する1年前のことであった。

新聞の題字から折り込み広告まで蒐集

大勝庵は「玉電と郷土の歴史館」という名のとおり、世田谷の歴史の移り変わりに関するものと、大塚さんの思い出に残っているものを中心にコレクションしている。そのなかには思いもよらないものもある。それは新聞の題字だ。

「新聞の題字は、なぜか欲しくなっちゃうんだよね。見ると心が揺さぶられるのよ。紙面はいらないから捨てちゃう（笑）。これだけ全国の新聞の題字を持っ

なぜ欲しくなるのか大塚さんもわからないという新聞の題字。スクラップブック数冊分がたまっている

ている人は、いないと思うよ。ある新聞社が取材に来たとき、驚いて写真を撮らせてくれって言ってきたのよ」

題字を集めるきっかけになったのは、大塚さんが三軒茶屋で修行していたころ、緑屋という月賦百貨店の宣伝課に配達に行ったことだった。そこに全国の新聞がたくさんあったのを見て、大塚さんはうれしくなって、題字だけ取っておいてもらうようにお願いしたという。

ほかにも普通の人なら蒐集しないだろうと思うもので、大塚さんが集めているものに新聞の折り込み広告がある。なかでも航空写真が掲載されているマンションの広告は見逃せない。

石原裕次郎と長嶋茂雄は、大塚さんにとって青春時代のスターだ

空き缶コレクションの向こうに見える写真は、故・小澤征爾さんが大勝庵を訪れたときのもの。こういうお宝が隠れているのを探すのも楽しい

「その写真の中に自分の家があるかどうか探すのが好きなの。変な性分だよね（笑）。でもね、そういう訳のわからない折り込み広告でも、40～50年すると価値が出てくるものがあるのよ。玉川高島屋は2019（令和元）年に、創業50周年を迎えたんだけれど、『なにか昔のものはありませんか？』って尋ねてきたの。だから『おたくが開店したときの広告がありますよ』って言ったら驚いてね。聞いてみたら、高島屋のどこかの倉庫にもあるはずだけれど、どこにあるか探すのが大変なんだって。手っ取り早いから貸してあげましたよ（笑）」

役に立ちそうにないものとはいえ、そんなことがあれば、ますます捨てられなくなってくる。

「うちは、タレントさんとか有名人もけっこう来るんですよ。指揮者の小澤征爾さんは

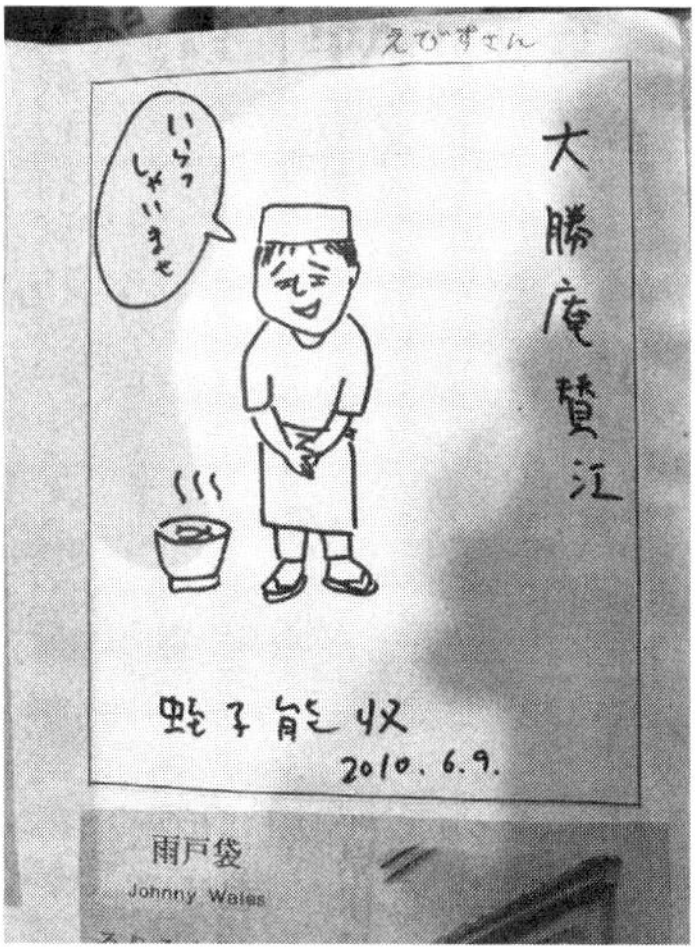

マンガ家の蛭子能収さんも訪れた

成城に住んでいたことがあったみたいで、車でそばを食べに来たの。ほかにも町田忍さん、やくみつるさんとか、なぎら健壱さんね。あの人たちも僕と一緒で、いろいろなものを集めているでしょう。だから出会っちゃうのよ」

町田さんとは35年来のお付き合いで、一緒にテレビ出演をしたこともある。マスコミにもしばしば登場する大塚さんだが、２０１３（平成25）年に取材を受けた日本経済新聞の記事がいちばん思い出に残っている。

「最初は、日経なんて堅い新聞に載るのは嫌だよって言ったんですよ。でも全国紙だから、掲載されたら小学校のときの友達から連絡があってね。『世田谷区の桜町小学校を卒業した者だけれど、大塚くんですよね？』って電話が

意外と新しいものも展示されている。どういう基準で選んでいるか大塚さんにうかがうと、「僕の感性」とのこと

かかってきて。あれにはびっくりしましたよ。もう60年以上も会ってなかったのにね」

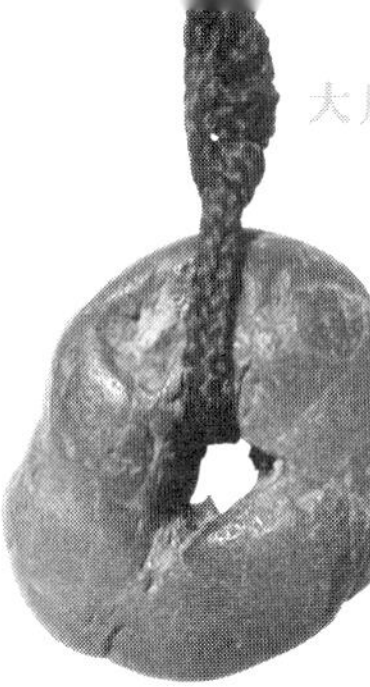

大塚さんに「拾ってくれ！」と訴えかけてきた珍石

毎日が楽しいが、後継者がいないことが悩み

とにかくさまざまなものが混在している大勝庵。とりあえず目についたものを「これはなんですか？」と尋ねると、大塚さんはそのモノにまつわるエピソードを教えてくれるのだが、これがいちいちおもしろい。そんななか、真ん中が丸くあいている石があった。

「これ、自然に穴があいていたの、珍しいでしょ。多摩川の河川敷にある兵庫島公園っていうところで拾ったんですよ。別に探していたわけじゃないんだけれど、僕に拾ってくれって訴えかけてきたんですよ。なんか気配を感じたら、この石が目の前にあったんだよね。最初は穴に砂利が詰まっていたけれど、棒で突いたら穴があいたんだよ。これはすごい！って、ひとりで勝手に興奮しちゃった（笑）」

２０１１年に開館して以来、来館者は３万人を超えた大勝庵。現在でも老若男女を問わず、１日に４～５人ほどが来館する。

最近はホームページを見た老人介護施設の人が、利用者を連れてくることも多い。

「昔のものを見ると、思い出が蘇ってくるじゃない。そうすると話が弾んで、『あんた、何年生まれ？』『俺、18年』『なんだ同級生だ！』って、また話が盛り上がるの。そうやってたくさんの人が来てくれて、交流するのが楽しいんだよね」

来館者との語らいを楽しみに毎日を過ごしている大塚さんだが、悩みのタネは後継者問題だ。この博物館を引き継いで後世に残したいのだが、託せる人がいないという。

「足が悪くて、あまり動けなくなってきたんだよ。2〜3年前に自転車で転んだら、それから杖がないとダメになっちゃってね。僕には息子と娘がいるんだけれど、できたらやってくれないかなって思っている」

この博物館を始めた当初は、家族はみんな嫌がっていたという。ところが長年続けていくことで、少しずつだが変わってきた。

「奥さんはリハビリ仲間から、『ご主人はいいことやっているんじゃないの。好きなことを貫けば、いつまでも元気でいられるから』と言われたって喜んでいたよ。最初は『こんなガラクタ集めてどうするの⁉』って馬鹿にしていたけれどね。子どもは『おまえのお父さん、雑誌に出ていたじゃん！』とか言われるのが嫌だったみたい。

でもね、最近は僕がいないところで、『オヤジも楽しくやっているんだね』って言っていたらしい。年を重ねてやさしくなってきたのかな。もし引き継いでくれたら、こんなうれしいことはないんだけれどね」

杖をついてはいるものの、まだまだ元気な大塚さん。玉電の制帽をかぶり、大勝庵の前で記念撮影に応じてくれた

DATA

所在地：東京都世田谷区玉川 3-38-6
第二玉川グランドハイツ 1F
アクセス：東急田園都市線・大井町線
二子玉川駅から徒歩約 10 分
開館日：火・木・土・日曜（不定休）
開館時間：10 時～ 15 時
入館料：無料
Tel：080-1227-6158

そのほかの珍パク〈鉄道・インフラ・軍事関連〉

	名称	所在地	概要
鉄道関連	碓氷峠鉄道文化むら	群馬県安中市	碓氷峠のアプト式鉄道の歴史を知ることができる体験型の鉄道テーマパーク。園内には、国鉄時代の貴重な鉄道車両が30両以上も展示されているのも見逃せない
鉄道関連	ポッポの丘	千葉県いすみ市	いすみ鉄道や北陸鉄道、銚子電鉄などで活躍した車両を展示する施設。運行当時の雰囲気を残したまま、車両の一部はカフェや休憩所、売店などとして利用されている
鉄道関連	旧新橋停車場鉄道歴史展示室	東京都港区	鉄道開業当時の駅舎やプラットホームを再現展示。石材のデザインや外観の色合いなども忠実に再現されている。館内では文明開化当時の歴史を伝える資料なども公開
鉄道関連	原鉄道模型博物館	神奈川県横浜市	初代館長である原信太郎氏が製作・所蔵した世界一ともいわれる膨大な鉄道模型を公開。車両の機能や構造まで再現した鉄道模型がジオラマ内を疾走する
インフラ・建築関連	ブレーキ博物館	東京都墨田区	ブレーキ部品の会社がブレーキの安全性を知ってもらうために開設した博物館。体験コーナーでは、自動車のドライバーズシートに座ってブレーキの仕組みを学べる
インフラ・建築関連	WHAT MUSEUM 建築倉庫	東京都品川区	設計事務所などから預かった約600点の建築模型を公開している。精巧に作られた模型は、大人はもちろん、子ども連れでも楽しめる。企画展示やトークショーも開催
軍事関連	戦争博物館	栃木県那須郡那須町	初代館長であった故・栗林白岳さんが私財をなげうって蒐集した日露戦争から太平洋戦争にかけての約1万5000点のアイテムを展示。膨大な数の資料には目を見張る
軍事関連	筑波海軍航空隊記念館	茨城県笠間市	かつて特攻隊の訓練も行なわれた海軍航空隊の訓練所。2013年に公開された映画「永遠の0」の撮影地として使われたことから、2018年に資料館を併設して開館した
軍事関連	予科練平和記念館	茨城県稲敷郡阿見町	14歳半から17歳までの少年たちのパイロット養成機関であった予科練。その成り立ちなどを写真や映像、資料などで紹介。隣接する雄翔館では予科練戦没者の遺書も展示
軍事関連	明治大学平和教育登戸研究所資料館	神奈川県川崎市	旧日本陸軍の秘密戦兵器を研究・開発していた登戸研究所。ここで風船爆弾や偽札、細菌兵器などが開発されたことを歴史的事実として語り継ぐことに展示の重点を置いている
軍事関連	海上保安資料館横浜館	神奈川県横浜市	日本周辺海域の現状と海上警備の重要性を国民に知らしめるために2004年に開館した施設。館内には2001年に発生した九州南西海域工作船事件の工作船などを展示

3章

昭和レトロ

伊香保 おもちゃと人形自動車博物館

群馬県北群馬郡吉岡町

店の前に無造作に置いてある手回し脱水機付きの洗濯機なども本物を展示。とことんまでリアルにこだわっている

今回、『珍パク』という本を作るにあたって、掲載する博物館を選んだ基準は、唯一無二のオリジナリティがあること。そして、私設博物館ならではのマニアックな展示が展開されていることだった。しかし、マニアックになればなるほど、一般の人には理解されづらく、入場者の数も少ない傾向がある。

そこで、私設博物館で最も入場者数が多い博物館はどこかと調べたところ、見つけたのが「伊香保 おもちゃと人形自動車博物館」であった。

 写真／中村英史

博物館のエントランス。スパイダーマンが塀の上に乗っているところにも遊び心が表われている

伊香保温泉から車で約10分の場所に、この博物館がオープンしたのは1994（平成6）年のこと。初年度から9万人、翌年には25万人と入館者数はうなぎ上りに増え続け、2000年代に入ってからは年間約40万人をキープし続けた。観光バスを利用した団体旅行が衰退してきた最近になって、約20万人程度に減少したが、それでも1日平均で550人ほどが足を運んでいる。

そもそも日本の博物館のうち、収支がプラスなのは約10%といわれている。つまり公営・民営を問わず、博物館の9割以上は赤字を計上しており、税金や経営者・親会社の支援によって運営されている。そんななかで、30年以上も博物館事業で利益を上げ続けている秘訣は何なのだろうか？

エントランスもレンガ造りで高級ホテルを彷彿とさせる。初めて訪れる入館者は、テンションが上がるだろう

マニアじゃない人にも楽しんでもらう工夫

館内に足を踏み入れた第一印象は、私設博物館とは思えないほど、しっかりとした造りだということ。レトロなレンガ造りの建物は、最新のアミューズメントパークにもひけをとらない。さらに入り口を入ったところで迎えてくれるのは、2000体のテディベアだ。

テディベアの〝テディ〟とは、アメリカの第26代大統領、セオドア・ルーズベルトの愛称に由来する。1902（明治35）年に彼がミシシッピ州で狩りをしたが、思うような成果を挙げられなかった。そこで同行したハンターが小熊を追い詰めて、トドメの一発を撃つようにすすめたところ、大統領は「手負いのクマを撃つことは狩猟にそぐわない」と拒んだという。

その出来事が美談としてワシントンポスト紙で報道され、それを見たニューヨークの菓子店がクマのぬいぐる

入り口からすぐのところに展示されている超ビッグなテディベア。まずは、この大きさに驚かされる

ホンダやBMWなどのレーシングスーツを着たテディベアが、アンティークなガラスケースの中に配置されている

みを作った。その際に、大統領のニックネームである〝テディ〟を使って〝テディベア〟と名づけたところ、大人気となったといわれている。ちなみに、このエピソードは大統領のやさしさを示すものとして知られているが、実際には手負いのクマは、その後ナイフで殺されてしまったらしい。

この出来事から2年後の大統領選挙で、彼はテディベアのバッジを着けて選挙戦を戦い、再選されたのだった。

「2000体ものテディベアを一度に見られることだけでも、お客さんには驚いてもらえると思います。しかし、さらに喜んでいただくために考えたのが、展示の仕方なんです。漠然と展示するのではなく、20世紀初めのアメリカの子ども部屋を再現したり、テディベアにぬいぐるみ用のレーシングスーツを着せてみたりなど、お客さんに童心に帰っていただける工夫を凝らしています」と、館長である横田正弘さんは語る。

オートバイ・ミュージアムでの失敗を経験

正直なところ、自分は子どものころにぬいぐるみで遊んだことがなかったので、テディベアといわれてもピンとこない。しかし、このようにほかのおもちゃや調度品と一緒に展示されていると、一つひとつの展示スペースは何をテーマにしているのだろうと考えて、つい足を止めて見てしまう。

「どんなに貴重なテディベアでも、『これはすごいだろう』と何の工夫もなく展示したら、マニアのお客さんにしか喜んでもらえません。博物館に来る方の大多数は、マニアでも専門家でもない一般のお客さんです。そんな普通の方が楽しめる空間をつくることが、喜んでいただく秘訣だと思っています」

そう話す横田さんだが、実は以前にマニアックな博物館を作って失敗した経験があった。それは、おもちゃと人形

オープン時から人気のキューピー人形コレクション。入館者は、無地のキューピー人形を使ってオリジナルの絵付け体験もできる

自動車博物館をオープンする9年前のこと。赤城山の山麓に私設のオートバイ・ミュージアムを開館した。このころは、第二次バイクブームが巻き起こり、新車販売台数は300万台を超えて、国内市場で最もバイクが売れた時代だった。

「オープンしたときは、私が20代のころからコレクションをしていたホンダCB750や、ヤマハRZ250などの愛車を世間に見せびらかしたいという気持ちがあったんです。もちろん、オートバイの魅力をもっと世の中に広めたり、同好の士と交流を深めたりしたいとも思ったのですが、一般のお客さんに喜んでいただくという視点が欠けていました」

そのときは、**「こんな名車を展示しているのだから、誰もが見たいと思うだろう」**と考えて、工夫も仕掛けもしなかったという。その結果、収支をトントンにするのが精いっぱいで利益を上げることはできなかった。

「その失敗から、博物館を運営していくにはマニアではなく、万人にウケるものじゃないとダメだということを学んだんです」

昭和の街並みを再現するために必要なもの

館内に再現された昭和の街並み。そこにレトロな看板が飾られている。
どれも保存状態がいいのに驚かされる

群馬県前橋市で生まれた横田さんは、小・中学校のころから勉強よりもモノを作ることが好きだった。そこで中学卒業後は、定時制高校に通いながら、大工の道に進み、30歳で建設会社を起業。寝る間も惜しんで働いた結果、会社は設立10年目で年商10億円を超えた。

「しかし、会社経営がツラくなってきたんですよ。会社が自分の器以上に大きくなってしまったのと、クレーム対応に追われて、毎日頭を下げるのがイヤになったんです。たとえば、どんなに丁寧に建物を作っても、時間がたって乾燥したら壁はひび割れてくる。でも、それをお客さんに説明しても、なかなかわかってもらえない。そんなクレームに追いかけられているのが面倒になったんです。そこで、一度失敗した博物館経営を今度は成功させてみせようと

懐かしの映画や看板などがズラリと並ぶコーナー。
これだけの数があると、どれかは自分の好きなものを見つけられる

懐かしい銀蝿一家の嶋大輔と杉本哲太、矢吹薫のシングルレコード。
当時は、矢吹薫はプラス１扱いだったことを知った

思いました。博物館なら人とそれほど接しないので、大きなクレームもありませんから」

しかし、横田さんが博物館を始めると言うと、家族をはじめ周囲の人たちは大反対したという。「半年もたたずに潰れるよ」と忠告してくれる人もいたが、古いおもちゃや人形に関する本を読み漁っているうちに、横田さんのなかで成功するイメージが生まれてきた。

「そのときは確信めいたものがありましたね。結局は、まわりの声よりも自分の直感を信じるしかないんです」

当初は自動車の展示はなく、「伊香保 おもちゃと人形博物館」をオープンさせた横田さん。館内には昭和30〜40年代の街並みを忠実に再現することで、お客さん自身が街に溶け込み、タイムスリップ感覚を味わってもらうことをめざした。

そのために、調度品や看板は可能なかぎり本物を集めて、どうしても手に入らないものは、元大工だった腕を生かして横田さんが作った。

「今でこそ昭和レトロがブームになって、ほかの博物館やテーマパークでも同様の演出をしているところもありますが、当時はここだけだったんですよ。また、そのころの博物館は、ショーケースでの展示が主流だったんですね。私は昭和の風景そのものを見ていただきたかったので、街並み自体をリアルに再現して、そこに展示物を埋めていったんです。

それが、お客さんに喜んでもらえたんだと思います」

お客さんを飽きさせないために新しい風を入れる

「**お客さんに感動を与え続ければ、絶対に潰れることはない**」という信念で開館した横田さん。開館から2年後には集客も軌道に乗り、経営も安定してきた。

しかし、そこに安住することなく、１９９９（平成11）年には駄菓子屋、２００２（平成14）年にはペンギン・アザラシランド、２００４（平成16）年には自動車博物館と新しい施設を次々とオープンしていった。

「**博物館に限らず〝ハコモノビジネス〟は生き物です。どんなに魅力的なものでも時間の経過とともに陳腐化してしまう。だからこそ、新しい風、新しい血を常に入れていかないとダメなんです**」

自動車博物館は、この博物館のなかでも最も人気の施設だ。建物は3階建てになっており、１階はスバル３６０、ダイハツ・ミゼットなどが並ぶ軽自動車コーナー。どれもピカ

「国産大衆車の第一号」とも呼ばれ、今も人気のスバル360などの軽自動車が並ぶ

ピカでレストア済みだ。
その突き当たりまで来ると雰囲気がガラッと変わり、ブリティッシュ・モーター・コーポレーション製の「MINI」の展示が始まる。こちらはカラフルに塗装されたコンパクトカーがずらりと並んでいることから、女性も楽しめるように考えられている。
そして2階に上ると、国産ファミリーカーコーナーが始まる。日本では、1960（昭和35）年に池田勇人首相が所得倍増計画を打ち出したが、高度経済成長期の好景気に後押しされ、所得は10年間で2倍以上に成長。そのおかげで個人消費も拡大し、1960年には約44万台だった自動車保有台数は、1970（昭和45）年には約677万台と10年間で約15

外国車のなかでも特に女性に人気の「MINI」。日本の軽自動車と見比べるのも楽しい

倍に急増した。

そんな時代に活躍した日産スカイラインやトヨタ・クーペなどを当時の広告と一緒に展示。時代を経るごとに国産車が洗練されていく様子を目の当たりにできる。

そして3階は、トヨタ2000GTやスカイラインGTR、フェアレディSP・SRなど当時の若者が憧れた国産スポーツカーが勢揃い。車好きの来館者はここで何時間も足を止めて、眺めていく人が多いとのこと。

「自動車の博物館って、とても趣味性が高いので、うまくいかないところが多いんですよ。国内に残っているのも、たいていがメーカーの博物館です。本当は、私も好きなので最初に自動車博物館をオープンしたかったん

ですけれど、うまくいかないなと思ったんです。そこで、人形である程度の経営基盤を築いたうえで始めました。10年かかりましたけれど（笑）」

2階には群馬県が舞台の漫画『頭文字D』のモデルとなった豆腐店を再現したコーナーも。店舗前には作者である、しげの秀一さんがオーナーだったマツダRX-7も展示

「国産車初のスーパーカー」と呼ばれるトヨタ2000GT。生産終了から半世紀以上がたつが、その人気は翳ることを知らない

1960年代のモータースポーツブームを牽引する一角となった日産スカイライン。半世紀以上前に製造されたものとは思えないほどキレイな状態で展示されている

博物館で集客を成功させる秘訣

順風満帆に見える横田さんの博物館経営だが、失敗もあった。それが、2002（平成14）年にオープンしたペンギン・アザラシランドだった。伊香保温泉は群馬県の山中にあって、近くに海も水族館もない。そこで、かわいいペンギンの餌付けやアザラシのショーを見ることができたら、近隣の子どもたちが喜ぶだろうと横田さんは考えた。

始めてみるとこれが大好評で、入館者も大いに増えた。しかし、そのおかげで困ったことが起きた。アザラシショーの時間になると、ショーを見ようとする人の足の動きが止まり、館内に渋滞が発生してしまったのだ。

もともと動線の広くないところでオープンしたアトラクションだけあって、入館者の不満は募る一方だった。さらには、ショーの終演まで入館者が帰らないので駐車場もいっぱいになり、せっかく来てくれた人たちも、別の観光施設に向かうような事態となってしまった。

「アトラクションの人気が高まれば高まるほど、お客さんの不満が募るので、このコーナーは閉館することにしました。目玉商品で集客をする場合は、動線や博物館の構造まで

考えないといけないことを学びましたね」

今や私設博物館を成功させた経営者として、全国で講演などを行なっている横田さん。博物館で集客するコツを聞かれることが多いが、そのときによくするたとえ話が「ラーメンとステーキの話」だ。

展示されているコレクションのなかでも、横田さんの思い入れが深い福松人形。現在、日本には9体しか残っていないといわれている

「あるラーメン好きの人が、全国のラーメンを食べ歩いて、有名店で修行をして自分の店をもったとします。味も確かだし、繁盛する可能性が高いでしょう。そこで自信をもった経営者は、次は「ステーキ店だ！」と思って、ステーキハウスをオープンしようとします。

ラーメンを誰よりも数多く食べ歩いてきた彼ですが、高価なステーキはあまり食べたことがありません。それでも安価でうまいステーキハウスなら、お客さんが来ると考えました。オープンから3カ月は行列ができましたが、次第に客足は遠のき、数年後には閉店に追い込まれてしまいました。

これは一種のたとえ話ですが、似たような話を聞いたことがないでしょうか。うまくいかなかった原因は、ラーメンとステーキの違いについて、経営者が気づかなかったことです。つまり、彼はラーメンの味についてはプロでしたが、ステーキの味については、本物を知らなかったのです」

結局、安くてうまいといっても、その経営

自分は、
マニアじゃないから
お客さん目線の
展示ができるんですよ

私設博物館のなかで、最も入場者数の多い博物館をつくった横田正弘さん

ミリタリーゾーンでは、アメリカ軍の「M4 シャーマン」、
ドイツ軍の「ティーガー」戦車が、ほぼ実物大で模型化されている

者の知っている味のレベルであって、本物の味を知るお客さんを満足させることはできなかったということだ。

　どんなものにも本物とそうでないものがあることを知り、本物だけを提供することが成功する秘訣だと横田さんは言う。

DATA

所在地：群馬県北群馬郡吉岡町上野田 2145 水沢観音下
アクセス：関越道渋川伊香保 IC から車で約 17 分、関越道駒寄スマート IC から車で約 12 分、JR 上越線渋川駅からタクシーで約 14 分
開館日：年中無休
開館時間：9 時～ 17 時
※入館は閉館 1 時間前まで
入館料：1300 円、中高生 900 円、幼児・小学生 450 円
Tel：0279-55-5020

哀愁のふるさと館

埼玉県秩父市

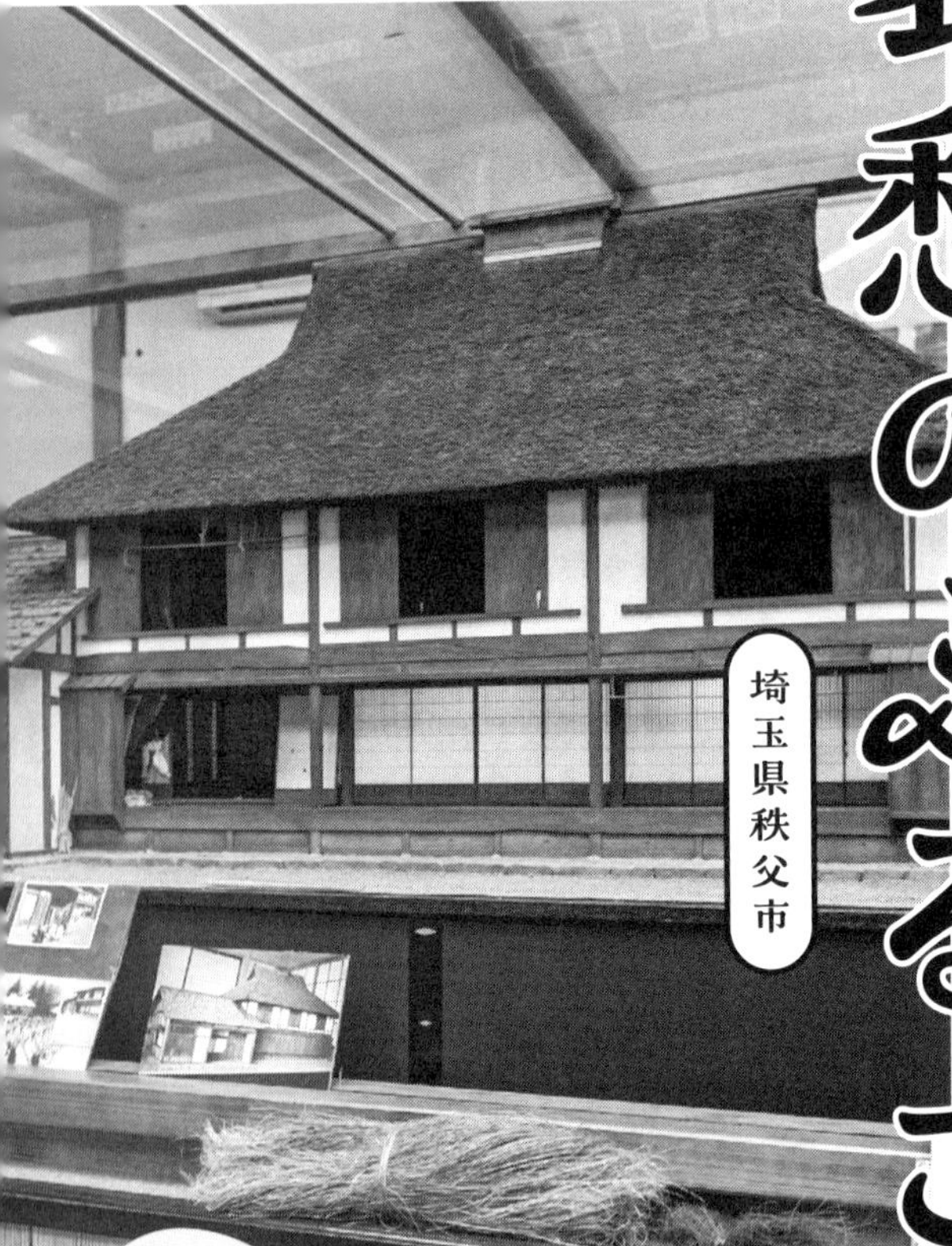
どうやったら本物に近づけるか、そればっかり考えてきたな

養蚕農家だった逸見さん一家の家屋の模型。自分が住んでいた古民家が解体されることになったため、形にして残しておかねばと思い作った

国の名勝及び天然記念物に指定されている長瀞《ながとろ》渓谷。その渓谷から車で15分ほど走ったところに、「哀愁のふるさと館」はひっそりと立っている。あたりは民家と畑が点在し、田舎らしいのんびりとした風景が広がっている。

実はこのミュージアムには、以前に秩父地方のガイドブックを制作した際に、取材で訪れたことがあった。当時、古民家を模型で再現していると聞き、正直それほど期待せずに足を運んだのだが、その模型を見て心底驚かされた。家屋だけでなく、家具や石垣、さらにクモの巣までもが、超精巧に再現されていたからだ。

クモの巣に至っては、試行錯誤を重ねた末に、本物のクモを捕まえてきて糸を張らせたと聞いて、さらに驚いた。リアルさを極限まで追求すると、ここまで到達するのか……。その情熱と技術には、少し大げさに言うと、オリンピックで世界新記録を目の当たりにしたような感動を覚えたものだ。

そのときは、ガイドブックの掲載スペースの関係で、館長の逸見《へんみ》雄一《ゆういち》さんにあまり詳しいお話をうかがうことができなかった。しかし、今回『珍パク』を作るにあたって、再び取材できる機会を得たのは、なによりもうれしいことであった。

リアルさを追求するためにプロの職人に学ぶ

「模型を作りだしたのは、子どものころだな。高校生になると写真部に入って、お寺や城に興味をもったんだけれど、次第に古民家が好きになっていったんだ。最初は写真を撮っていたけれど、だんだんつまらなくなってきてね。家の外や内部を全部撮影しても、写真だけじゃ全体像がわからない。それなら立体的な模型を作ったほうが、家のつくりがよ

逸見さんが18歳のころに作ったという古民家。松の木は、作り方がわからなかったので、市販のビニール製ジオラマツリーを使った。初めての作品とは思えないほどの完成度の高さだ

くわかるし、見る人も喜んでくれるだろうと思ったんだ」

当時は家の模型を作るためには、どんな材料や道具を使えばいいのか、まったくわからなかった。現在では家の部材や樹木も手作りだが、当初は市販品を使いながら、とにかく完成させることをめざしたという。

「**それでも材料を調べて探すところから始めたから、完成までに半年くらいかかったかな。最初は、『それなりにいいものができた』と思ったんだけれど、そのうち『初めてでここまでできたんだから、もっと努力すれば、さらにいいものが作れるんじゃないか』と考えたんだよ**」

そこで逸見さんは、骨組みは大工、屋根は瓦職人、石垣は土方、壁は左官と各分野のプロに

技術を学ぶのがよいのではと考えた。とにかく「**本物にこだわりたい**」。その一心で技術を習得していったという。なかでも、苦労したのは石垣だ。接着剤等を一切使わず、石を一つひとつバランスよく組み上げて、崩れないようにする技術の習得には相当の年月がかかった。

「だって、古民家が建てられた時代には、接着剤なんかないだろう。実際の石垣も、土だけでくっついているんだ。たとえば、合わせ積みという方法では、大きな石と小さい石を組み合わせて〝人〟という文字のように積むんだよ。そうすると、両方向からテンションがかかるから、崩れにくくなるんだ。土方の人に聞いたら、この組み方なら震度7でも平気だって言ってたね。

東日本大震災のときは、このあたりも震度5弱

京都の藤原家の模型の場合は、石垣だけで約10mもある。「毎日、毎日、石垣を積んでいると、だんだん飽きちゃうんだよ。でもやらないと完成しないから、ひたすら積み続けたんだ」

を観測して、秩父市役所の窓ガラスが85枚も割れたけれど、模型の石垣はびくともしなかった。昔の人の知恵って本当にすごいよね」

会社員を辞めて模型作りに専念したが……

逸見さんが古民家の模型作りに、真剣に打ち込もうと思ったのは、自身が子どものころに育った古い日本家屋が雨漏りのため、取り壊しが決まったからだった。「**このままでは日本の古民家がどんどんなくなってしまう。なんとか残すことができないか……**」という使命感に駆られ、古民家模型作りに人生を捧げることにしたという。当時は高校卒業後に電機メーカーで働いていた。自由になる時間は、夜だけ。寝る間を惜しんで模型製作を続けたが、どうしても時間が足りなかった。

「**会社勤めをしていると残業とか休日出勤もあるから、いつまでたっても模型を完成させられないんだ。たとえば、藤原家という古民家の模型は完成までに5万1000時間かかったんだけれど、働きながらだと30年はかかる計算になる。つまり、毎日休まずに作り続けても、藤原家を作り終えるころには定年退職になっちゃう。そこで、思いきって会社**

を辞めて、オヤジに食わせてもらいながら、模型作りに専念することにしたんだ」

ところが、逸見さんは自分が作りたいから作るだけで、販売することを考えていなかった。インターネットのなかった時代、作品を世の中に広める手段もなかった。実家は精密機械の工場の仕事もしていたが、父親に「こんな金にもならないものを作って……。仕事をしろよ！」と怒られたこともあったという。

「ところが、そんなオヤジが交通事故に遭って亡くなっちゃったんだ。それをきっかけに工場だったところを改装して、『哀愁のふるさと館』を作ったんだよ。それが１９８９（平成元）年のことだったんだ」

飽くなきリアルさを求めて探求は続く

館内には大小合わせて１２０以上の模型があるが、そのなかで最も時間がかかったのが、前述の京都の伏見にあった豪農の藤原家（1／20スケール）だ。寸分違わぬようなリアルな模型を作るためには、まず家や調度品の寸法を測らなくてはいけない。

「模型作りは、その家に泊まってサイズを測らせてもらうところから始めるの。その許

可をもらうまでに時間がかかるのよ。お酒を持っていったりして、仲よくなるのに何回も足を運んでね。藤原家の場合は、最初に2週間泊まらせてもらったな。その後、さらに通いで半年。京都に友達が住んでいたので、そこに居候をさせてもらってね。なんといっても建坪が6000坪だからね。廊下だけで1km、いちばん多いときで女中さんが60人いたっていうんだから」

約1年8カ月の歳月を費やして完成した仏壇の写真。仏壇には阿弥陀如来や位牌も組み込まれている

建物のスケールも大きい分、模型を完成させるまでに時間がかかる。1日19時間作業をして7年間かかった。特に手間がかかったのは仏壇で、約1年8カ月もかかったという。なぜなら、仏壇の細かな彫刻を彫るために使う専用彫刻刀を作るところから始めたからだ。既製品の彫刻刀は大きすぎるので彫ることができなかった。

「仏壇と同じか、それ以上に大変だったのは、細い木を組み合わせて作った千本格子の

千本格子の引き戸の後ろからライトを当てた様子。
格子の隙間から漏れてくる光が、なんとも幻想的だ

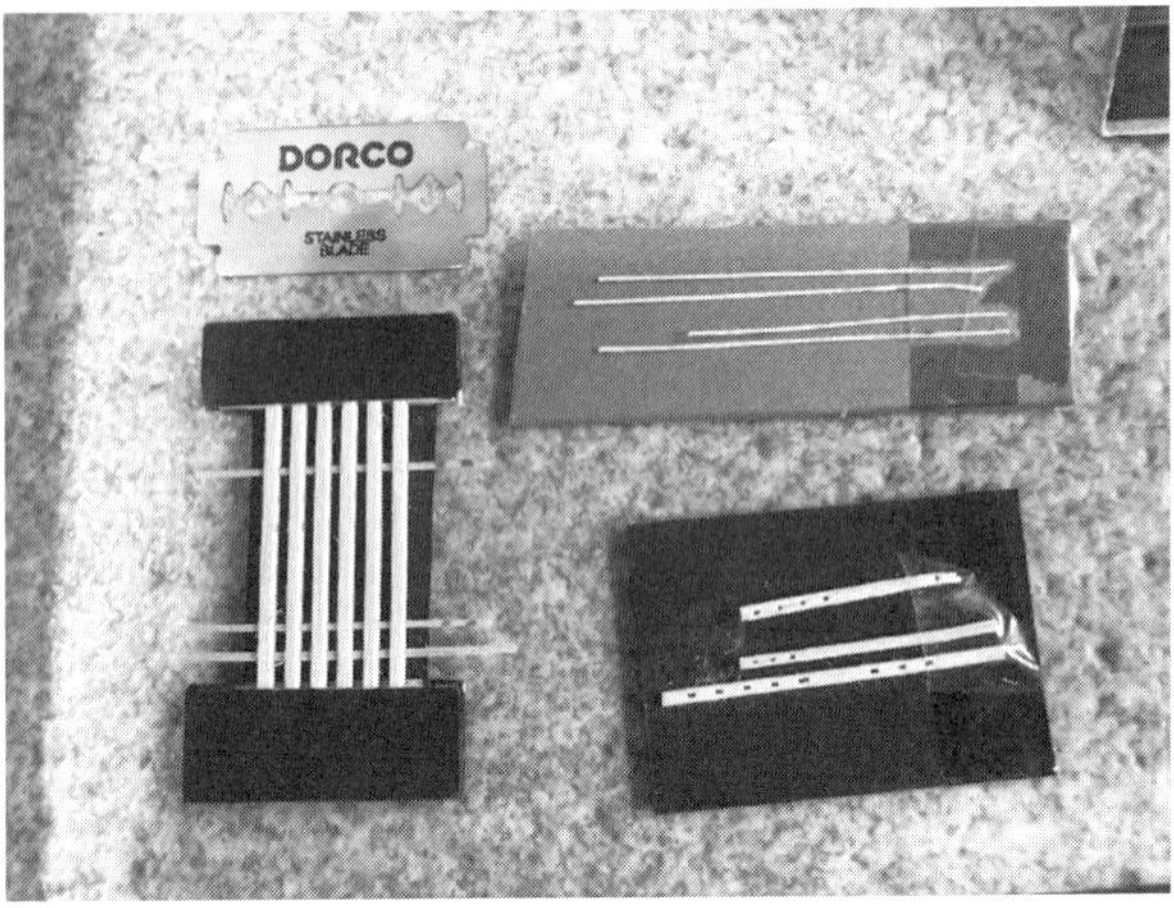

千本格子は、カミソリを短く切って、材料となる木材に穴をあけて作ってゆく

京都の豪農、藤原家の全貌。逸見さんが制作に最も多くの時間を費やした古民家模型

引き戸だね。これは穴をあける場所が０・１㎜狂ったら作り直しだから。だからこそ、完成したときの達成感は大きいし、作り甲斐があるんだよ。簡単ならつまらないよ」

逸見さんの話を聞いていると、凝り性という言葉では言い表わせない狂気じみた執念を感じるが、とても興味深い！　もっとほかにエピソードはないのだろうか？

「クモの巣の話は前にしたかもしれないけれど、あれも苦労したよ。クモを捕まえて模型の前に放しても、思ったところに巣を張ってくれないのよ。だから、クモの生態を研究するところから始めたの。それで、うまく風を当てるところ巣を張ることがわかったんだな。クモの種類によっては、風じゃ巣を張らないヤツもいるから

大変なんだけれどね」

ほかにも自分が納得いくものを完成させるまでに、トタン板は11年、雪は20年かかった。トタン板は、最初は自分で波打ったものを作ろうとしたが、なかなかうまくいかない。トタン板に見えるものが絶対どこかにあるだろうと考えていたところ、ケーキや酒を入れてあるダンボールの箱はどうだろう?とひらめいた。衝撃を吸収するために中芯が、波状になっているのがトタン板にそっくりだったのだ。

「**この中芯を銀色に塗ってみたら、思いのほかうまくいったんだよ。ずっと探していたものが、意外にも身近なところにあったんだ。もっと早くに気がついていたら、苦労しなくて済んだのにな**」

雪については、最初は綿を使ったが全然本物っ

雨戸の下にあるクモの巣は糸や綿などではなく本物。
狙ったところに巣を張らせるまでに試行錯誤した

この経年劣化したトタン板の雰囲気を出すために約11年かかった

ぽく見えない。そこで、氷を細かく砕き、ショーケースの中を低温にすることで雪の雰囲気を出そうと考えた。しかし、雪国の人に相談したところ、その方法だと氷が溶けて大きな塊になっちゃうよと言われた。それでは砂糖はどうだろう?と考えて実験したところ、気温が高くなると溶けてしまった。しかも、アリまで寄ってくる始末だった。

「最終的にたどり着いたのが、塩だったんだ。塩にもいろいろな種類があるけれど、値段の高いものはダメだったな。サラサラして固まらないのよ。1kgで120円くらいのヤツが、うまく湿気を吸って固まってくれる。それがわかるまでに20年かかったよ」

ネットの時代になって世界中からお客さんが訪れる

こうして出来上がった作品は、デパートやギャラリー

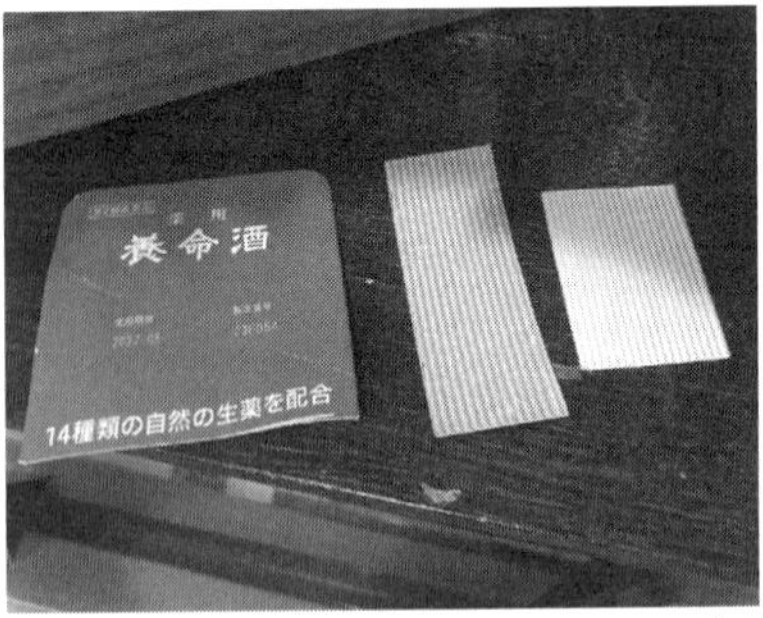

灯台下暗し。家の中にあった養命酒やケーキを入れる箱がトタン板になることに気がついた

塩は、2カ月くらいすると完全に固まり、気温の高い夏でも溶けることはないという

などで展示しているほか、映画やテレビの制作会社などから依頼されることも多い。古民家の模型は、一般の制作会社に依頼すると1000万円ほどかかるという。ところが逸見さんが作ると、どこまで精巧なものかにもよるが、100万円ほどで作ることが可能だ。そのため作品をネットで知った人たちが、世界中から「哀愁のふるさと館」を訪れる。

「以前に野口英世の生家を作ったら、中国人から『いくらでもいいから売ってほしい』って頼まれたんだよ。でも、お金のために作ったわけじゃないからね。あれは売れないよ」

野口英世の生家の模型は、「哀愁のふるさと館」のなかでも目玉展示のひとつだ。玄関を入って正面に飾られている。この模型を作るきっかけは、逸見さんが友人から「有名人

1/13で再現した野口英世の生家の模型。できれば双眼鏡で家の中を丹念に見てほしい

の家も作ったら？」と言われたことだった。

「正直なところ、自分はあまり作る気がしなかったんだよ。歴史上の偉人の家は、重要文化財なんかに指定されていることが多いから、模型なんかじゃなく本物を見りゃいいじゃねえかと思ったの。でも、実際に公開されている野口英世の家を見たら本物と全然違う。じゃあ、自分が当時の姿を忠実に再現してやろうと思ったんだよ」

逸見さんは野口英世記念会が作った、『野口英世博士生家解体修理工事報告書』を入手。そこにあった写真や図面を基に、1929（昭和4）年当時の生家を再現。茅葺き屋根はヤシの繊維一本一本を貼り付け、その数は8000万本に及んだ。調度品もタンスは開け閉め可能、機織り機は実際に織物を織ることができるほどの完成度の高さだ。

『野口英世博士生家解体修理工事報告書』にあった写真から、
当時の家の様子を感じ取って模型で再現した

これからも精力的に模型作りを続けたい

ここまで逸見さんが模型作りに打ち込めたのは、奥さんの支えも大きい。26年ほど前に、模型製作教室の生徒だった奥さんがしばらくたって再会したところ、出迎えてくれた逸見さんは顔色がとても悪かった。話を聞くと、ろくに食事もとらず、模型を作り続けているという。そのとき奥さんは、「自分の命を削りながら模型を作る逸見さんを、なんとか応援することはできないか」と考えた。そして食事や身のまわりの世話を続け、数年前に結婚したのであった。

「今は、夜はあまり模型を作らないの。19

時にはやめて、少し晩酌をしたら、22時には寝るようにしているんだ。ひとりだったら、前と変わらず一日中作っているかもしれないな。でもこれ以上作っても、置く場所にも困るからちょうどいいかもな（笑）」

囲炉裏の煙もリアルに再現されている。この仕組みは、模型に取り付けられた引き出しの中に火のついた線香を入れている

20代のころに逸見さんが描いた長瀞渓谷の油絵。若いころから美術全般が得意だったというだけあって、とても上手だ

模型だけでなく漫画テイストの絵画も販売している。模型作りに疲れたときの息抜きに制作するとのこと

そんな逸見さんだが、創作意欲は衰えていない。日本では古民家がどんどん少なくなってきているので、なるべく多く模型として残しておきたいという。

「古民家は、それぞれの地方によって形や造りが全然違うんだよ。その土地の風土や気候に合わせた工夫が凝らされているんだな。そこがおもしろいよね。今は重要文化財なんかに指定されて、保存されているものもあるけど、あれはつまらないんだよ。人の生活の匂いがしないでしょ。自分は、家の中にある家具やカレンダー、布団まですべて作るから。そこに人が住んでいた

朽ちた壁が、歴史と生活感を感じさせる。逸見さんが求めているのは、このような人々の、日々の営みの痕跡だ

古民家の台所のかまど。模型の周りをグルグル回りながら、ふとのぞき込むとリアルな光景が広がっている

完成した模型を眺める逸見さんの目は、我が子を慈しんでいるようにも見える

ことを感じてほしいんだよな。年はとったけれど、０・１㎜のものを作るときは、今でも老眼鏡は使わないからね。作りたいものがあるかぎり、まだまだ頑張れるよ（笑）」

DATA

所在地：埼玉県秩父市黒谷 122-4
アクセス：秩父鉄道和銅黒谷駅から徒歩約 10 分
休館日：火曜
開館時間：9 時～ 17 時
入館料：500 円、高校生以下 200 円
Tel：0494-24-0376

そのほかの珍パク〈昭和レトロ〉

	名称	所在地	概要
玩具関連	おもちゃのまち バンダイミュージアム	栃木県下都賀郡壬生町	発明王エジソンの発明品コレクションから、原寸大のガンダムの胸像までを展示。超合金ロボットや合体ロボットなどのマニア垂涎の玩具も見られる
玩具関連	柴又ハイカラ横丁＆柴又のおもちゃ博物館	東京都葛飾区	1階の柴又ハイカラ横丁では、数千種類の駄菓子や雑貨を販売。2階のおもちゃ博物館は土・日・祝日のみ開館で、リカちゃん人形や野球盤など昭和のおもちゃを展示
玩具関連	凧の博物館	東京都中央区	江戸凧をはじめ国内外から集めた凧300点ほどを展示。老舗洋食店「たいめいけん」の主人が「伝統文化である凧の歴史を残したい」という想いで開館した
玩具関連	駄菓子屋ゲーム博物館	東京都板橋区	昭和から平成にかけて、駄菓子屋やデパートの屋上にあった10円玉ゲーム機で遊べる施設。お小遣いで遊びたい小学生から童心に帰りたい大人まで、老若男女が楽しめる
玩具関連	B宝館	埼玉県所沢市	経済評論家の故・森永卓郎氏が集めたミニカーなどのおもちゃ約13万点を展示。館の名前は「ビンボーでおバカだけど、ビューティフルな博物館」という意味
ライフスタイル関連	もてぎ昭和館	栃木県芳賀郡茂木町	2024年3月にオープンした昭和を楽しめるミニテーマパーク。茂木町はタバコの葉を栽培する農家が多かったことから、貴重なたばこグッズや懐かしいポスターなどを多数展示
ライフスタイル関連	昭和の杜博物館	千葉県松戸市	約750坪の敷地にクラシックカーや電車、おもちゃまで昭和のアイテムを凝縮して展示。昨今のレトロブームで隠れた人気を誇る。開館日が土・日・祝日なので注意
ライフスタイル関連	学校給食歴史館	埼玉県北本市	日本初の学校給食をはじめ、懐かしの給食風景写真や給食用食器などが展示されている。時代とともに変わっていった給食の歴史から世相を振り返るのもおもしろい
ライフスタイル関連	昭和のくらし博物館	東京都大田区	1951（昭和26）年に建てられた住宅を、内部の家財道具ごと公開している博物館。電化製品が家庭に入る前の昭和30年前後の庶民の暮らしぶりがわかる
コンピュータ関連	絶滅メディア博物館	東京都千代田区	カメラやタイプライター、パソコン、音楽プレーヤーなどのメディア機器1500点を展示。すべての展示品を自由に手に取ることができるので、質感や重さを実感できる
コンピュータ関連	マイコン博物館	東京都青梅市	初期の電卓から1970年代のマイコンはもちろん、90年代ごろまでのPCを展示。スティーブ・ジョブズが作り出したパソコンの変遷を見ることができるのは興味深い

4章

ヘビ・石・新生姜

ジャパン・スネークセンター

群馬県太田市

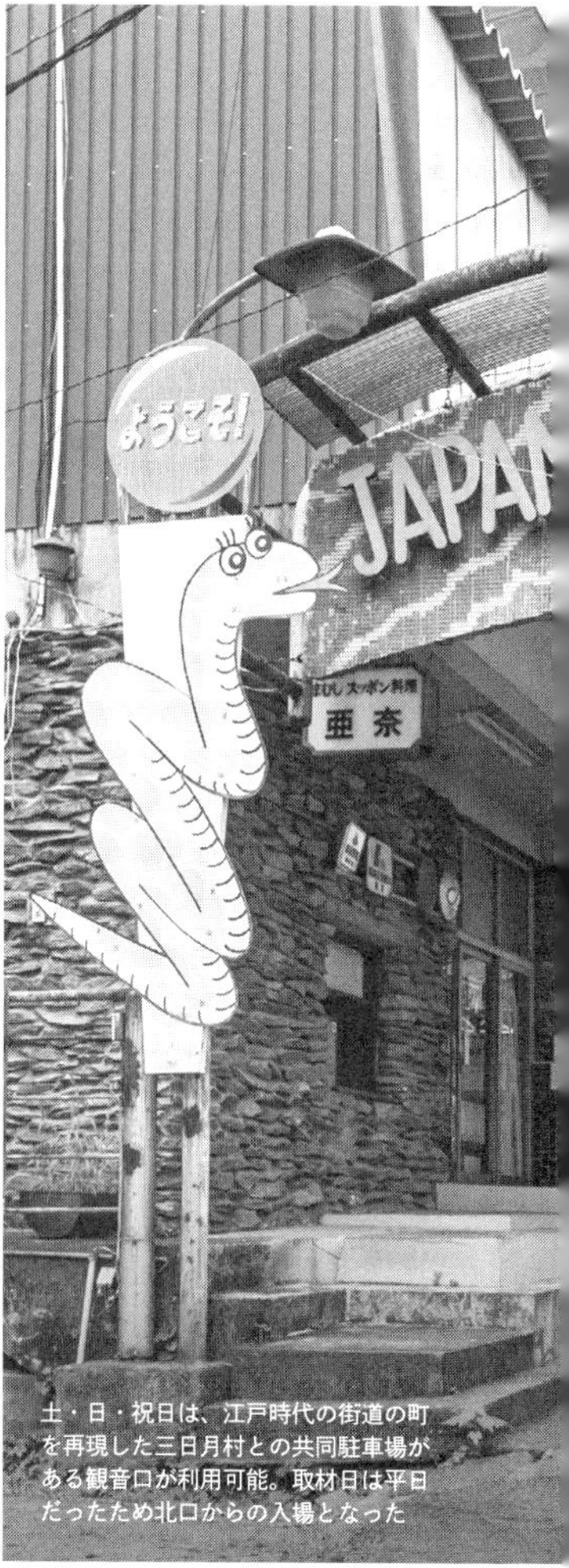

土・日・祝日は、江戸時代の街道の町を再現した三日月村との共同駐車場がある観音口が利用可能。取材日は平日だったため北口からの入場となった

南北朝時代の武将・新田義貞が隠し湯として利用したといわれる、群馬県太田市の藪塚《やぶづか》温泉。歴史ある温泉地だが、現在は旅館やホテルが点在するのみで、ひっそりとした雰囲気が漂う。そこから片側通行しかできない狭い道を車で走ること数分、昭和の風情を残した色褪せたゲートが見えてきた。

そのゲートをくぐった先にあるのが、ジャパン・スネークセンター（ＪＳＣ）だ。

ここは、世界中から集められた40種類以上、約２００匹のヘビを展示する国内唯一のへ

 写真／中村英史

ビ専門のテーマパーク。また、毒ヘビの研究をはじめ、咬傷時の応急処置の指導や血清の製造も行なっている。

日本で初めてヤマカガシの血清を製造

「今では毒ヘビを展示している動物園は、日本でも少なくなりました。飼育員の安全確保が大変だからです。これだけ多くの毒ヘビを一度に見られるのは、おそらく日本でもここだけでしょう」

と語るのは、ＪＳＣの所長代理であり、併設されている「日本蛇族学術研究所（蛇研）」の主任研究員、堺淳《さかいあつし》さんだ。

日本に生息する主な毒ヘビは、ニホンマムシ、ヤマカガシ、ハブの3種類。いずれも非常に強い毒性をもち、咬まれると命に関わることもある。なかでも、ヤマカガシはかつて無毒とされていたが、１９８４（昭和59）年に、愛知県で中学生が咬まれて死亡したことをきっかけに抗毒素が試作された。

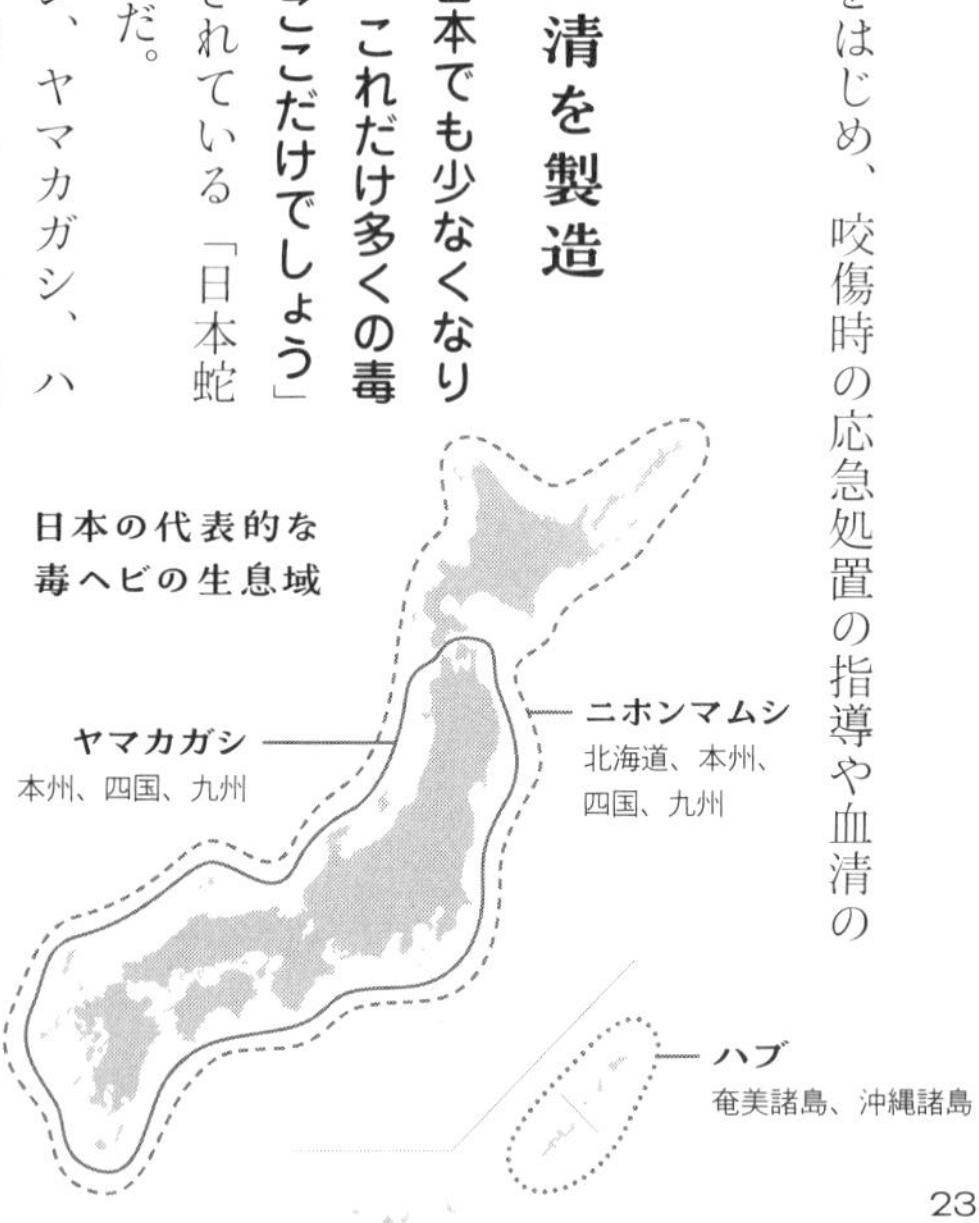

「ヤマカガシの毒牙は口の少し奥にあり、マムシのような注射針のような牙ではなく、

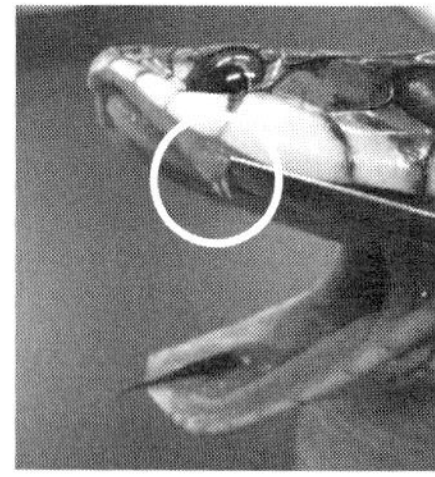

奥歯付近にあるヤマカガシの毒牙。毒性はマムシやハブの10倍以上といわれ、咬まれたときの致死率も遥かに高い（写真提供／JSC）

牙の根元から毒が染み出して、傷口から人の体内に入ります。そのため咬まれても、毒が体内に入りにくいんです。しかし死亡例が出たため、血清の製造が始まりました」

血清とは、ヘビ毒を中和する抗毒素のこと。一般的には、無毒化したヘビ毒を何度もウマなどの大型動物に注射し、そこで生成された抗体を利用して作られる。

日本で最初にヤマカガシの血清を製造したのは蛇研で、愛知県の中学生の遺族が研究費を寄付してくれたことがきっかけだった。その後、２０００（平成12）年には国立感染症研究所などと協力して、再度製造が行なわれた。

環境変化で難しくなった血清の再々製造

毒ヘビに関しては、日本でもトップクラスの研究実績を誇る蛇

JSC内にある採毒室。日曜・祝日は、ここでハブの牙から毒を取り出す実験を見ることができる

研が設立されたのは、1965（昭和40）年。出資元はマムシ酒「陶陶酒《とうとうしゅ》」の製造業者である陶陶酒本舗で、同時にJSCもオープンした。蛇研では、ヘビ毒が人へ作用する研究、動物を使った血清による治療実験、毒ヘビ対策の研修を行なっているほか、JSCでの展示飼育や、ヘビや動物とのふれあいイベントなども実施している。

堺さんが蛇研に入所したのは1978（昭和53）年。子どものころから生物は好きだったが、特にヘビに興味があったわけではなかった。入学した島根大学でも、研究したのはクモの動物行動学だったという。

「野生のヘビは隠れていることが多く観察が難しいため、行動学の対象としては不向きでした。それで毒ヘビ咬傷に興味をもったんです。ヤマカガシの研究を始めたのは、ほかに誰もやっていなかったからです。毒ヘビだということは知られていても、どんな毒なのか研究が進んでいませんでした。ただ、比較的単純な毒だったので、ヘビ毒に関して素人だった当時の自分でも取り組みやすかったんです」

もともと行動学が専門だった堺さんにとって、毒ヘビ咬傷は未知の分野であった。そこで蛇研に就職した後に、筑波大学の大学院で病理学を学んだ。そして取り組んだのが、日本初となったヤマカガシの血清製造だった。

「1985（昭和60）年に初めて血清を製造し、11人の治療に使うことができました。その後、血清の在庫が少なくなったので、2000（平成12）年に再製造したんです。そのときは業者さんに頼んで、約600匹のヤマカガシを集めて毒を抽出し、1000人分以上の血清を作りました。しかし、製造してから20年以上経過したため、新たに製造する準備をしています」

新たに血清を製造するためにはヤマカガシを捕まえる必要があるが、環境の変化によって個体数自体も減っている。また、咬傷例が少ないので血清製造は採算が合わず、製薬会社での製造は難しい。

「これまでに血清が使われたのは、1985（昭和60）年から2023（令和5）年までに23例です。単純計算で、2年に1回ぐらいですね。咬傷自体は少ないとはいえ、重症になると脳内出血を起こして死亡に至るこ

コンクリートの敷地が、昭和感を醸し出しているJSC園内。真ん中に映っているのは、園内に放し飼いにされているニワトリ

ともあるので、血清の備えは欠かすことができません」

もうひとつ、蛇研が果たしている重要な役割がある。それは、毒ヘビに咬まれた一般の人や、診断に困った医師からの電話相談に24時間対応する「毒ヘビ110番」だ。

「マムシには年間3000人以上咬まれていると推測され、5人前後が亡くなっており、重症例はかなりあると思われます。咬傷に関する問い合わせは、年に30〜40件あります。毒ヘビに咬まれたら病院に行くのは当然ですが、医師も毒ヘビ咬傷を頻繁に診るわけではないので、処置に悩むことがあるんですよ。そんな場合には医療機関からの相談も受けています。もちろん、最終的な治療の判断は医師にお任せしますが、情報を提供しているんです」

「毒ヘビ110番」の電話は、昼間は蛇研で受け付

オオアナコンダやニシキヘビが見られる熱帯ヘビ類温室の2階には、なぜか恐竜の展示が。同じ爬虫類だからだろうか……

「血清を製造する仕事は、人の命を救うことだからやりがいがあります」と語る堺さん

けているが、夜間は堺さんの携帯電話に転送される。堺さんは入浴中や就寝中でも、すぐに応答できるように、常に携帯電話を手元に置いている。しかし堺さんも、もうすぐ70代。体力的にもひとりでの対応は難しくなってきている。

もしも毒ヘビに咬まれたら

世界には約１０００種類以上の毒ヘビが存在し、そのうち約２００種が致命的な毒をもつといわれている。ＷＨＯによると正確な数は不明だが、毎年約５４０万人がヘビに咬まれ、そのうち約２７０万人が毒による被害を受けているという。さらに、８万１０００人～13万人がヘビ咬傷で命を落とし、その約3倍にあたる人々が、四肢の切断などの永久

太い胴体と三角形の大きな頭部が特徴的なガボンアダー。落ち葉のなかで、体の模様が保護色になる。JSCでも人気のある毒ヘビ

的な身体障害を負っていると報告されている。

日本では前述のとおり主な毒ヘビは3種類だが、年間3000人以上が咬まれており、死亡率は1%未満と推定されている。堺さんから毒ヘビの話をうかがっていると、いつか自分も咬まれるんじゃないかと少し怖くなってくるが、咬まれないためには、どうしたらよいのだろうか?

もともとヘビはおとなしい生物で、人を追いかけて襲うことはない。咬まれるのは、人と予期せぬ接触をした際の防衛反応だ。驚かせなければ咬まれることは少ないが、ヘビとの突然の遭遇を完全に避けることは難しい。


「気をつけていても、咬まれるときは咬まれます。よくあるのは農作業をしていて、落ち葉などのなかに手を突っ込んで、隠れているヘビに咬まれるケースです。草刈りをした草を集めておいて、翌日に片付けようと思ったところ、夜の間にヘビが紛れ込んでしまい、咬まれたということもあります。また、夏の夜だと家

の庭で咬まれる場合もあるんですよ。暗くなると天敵に襲われにくいので、ヘビが人家の庭まで出てくるんですね」

もしヘビに咬まれてしまった場合、覚えておきたいことがある。それは、日本に生息する毒ヘビに咬まれても、即死することはまずないということだ。ただし、誤った処置を行なったり、放置したりすると重症化し、後遺症が残ることもある。まずは落ち着いて、警察や消防へ救助要請をすべきかを考えよう。咬まれたのが毒ヘビならば、早めに病院に行く必要があるが、一刻を争う状況に陥ることは少ないので、慌てず冷静に行動することだ。

もしヘビに咬まれたら

❶とにかく落ち着く……マムシやヤマカガシに咬まれても、即死することはないので慌てないこと

❷毒ヘビかどうかを確認する……すぐにヘビを外して、毒ヘビかどうかを確認する。わからなくてもヘビの色や大きさなどをできるだけ見ておく。しばらくして痛みと腫れが出たらマムシ咬傷の可能性が高い

❸**指輪や腕時計を外す**……指や腕が腫れた場合、外せなくなってしまうこともある
❹**毒を吸い出す**……ポイズンリムーバー（毒吸引器）などがある場合は使う。ない場合は、きれいな水で洗い流す
❺**速やかに病院に行く**……できるだけ安静にして車などで病院に行く。毒が体内に回ってしまうので、決して走らないこと！

「ヘビに咬まれたときに重要なのは、そのヘビが〝毒ヘビ〟かどうかを判断することです。しかし、これが簡単ではありません。いちばん確実なのは、ヘビの『写真』を撮影することです。体の一部でも写っていれば、専門家が判別できます。もしヘビを撮影できるなら、ぜひ撮っておいてください。撮影が難しい場合は、色や模様などの特徴をメモしておくのも有効です。ヤマカガシやマムシは生息地域によって、色や模様が異なるため、一般の人が見分けるのは非常に難しいです」

特にヤマカガシは、咬まれても腫れや痛みがないことが多く、すぐには診断がつかない場合がある。以前、ヤマカガシに咬まれたが大丈夫だろうと放置していたところ、しばら

くして歯茎や古い傷からの出血が止まらず、病院を受診して初めてヤマカガシに咬まれたとわかったケースがあった。もし受診しなければ、重症化して消化管出血や脳出血を引き起こす可能性もあったという。

押収された毒ヘビを引き受けて飼育

堺さんからヘビについてのひととおりのレクチャーを受けた後、JSC園内を案内していただいた。園内には3つの温室があり、そのなかでも、いちばん人気は「毒蛇温室」だ。ここではキングコブラや、世界で最も危険な毒ヘビのひとつとして知られるブラックマンバなどが観察できる。

「昔は台湾やタイから、毒ヘビを輸入していたの

建物の老朽化が目立つ「毒蛇温室」の外観。
この中に世界中の毒ヘビがいると思うとワクワクしてくる

毒蛇温室の内部。ヘビが過ごしやすいように内部は汗ばむくらいの室温に調整されている。毒ヘビは分厚いガラス越しに観察できるので、襲われるような心配はない

ですが、国によってはヘビをまったく国外に出さなくなったため、入手が困難になりました。その代わり、日本国内で違法に飼育されていて、警察が押収した毒ヘビが入ってくるケースが増えてきました」

実際、温室内には2008（平成20）年に飼い主を咬んだとして話題になった、毒ヘビのトウブグリーンマンバが展示されている。この事件は、渋谷区のマンションで港湾作業員の男性が、ブラックマンバを含む51匹の毒ヘビを無許可で飼育していたとして、動物愛護法違反（特定動物の無許可飼育）で逮捕されたもの。男性は毒ヘビを1匹ずつプラスチックケースに入れて飼っていたが、エサを与えようとした際に左手の指を咬まれ、自ら119番通報。病院に搬送されたことで、毒ヘビの存在が明らかになった。男性は一時重体となったが、奇跡的に回復し、1カ月

以上入院した後に逮捕された。

「最近は、咬まれても重症化しないような弱毒ヘビがペットとして多く売られているんですよ。でも咬まれると出血したり腫れたりするので、病院から相談を受けることが増えていますね」

また、ペットとして飼っていたヘビが大きくなりすぎて飼いきれなくなり、ＪＳＣが引き取ることも多い。過去には、叶姉妹が飼育していたビルマニシキヘビのアルビノが引き取られたこともある。

巳年効果で来場者の増加を期待

「毒蛇温室」のほかに、国際的に保護されているため、日本ではここでしか見られないインドニシキヘビなど大型ヘビを展示している「大蛇温室」や、世界最大のヘビであるオオアナコンダなど熱帯地域に生息する大

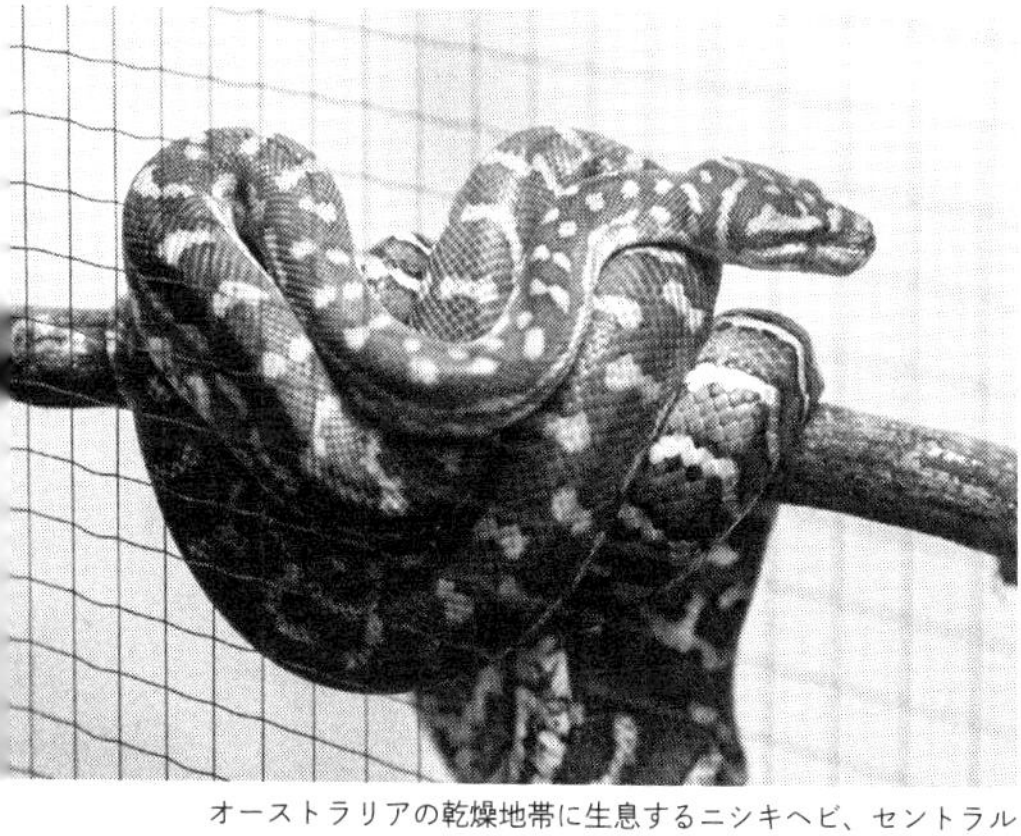

オーストラリアの乾燥地帯に生息するニシキヘビ、セントラルパイソン。ヘビとの記念撮影のイベントに登場することもある

アメリカとメキシコの草原や砂地に生息するセイブシシバナヘビ。「獅子鼻」という名のとおり、鼻先が反り返っている顔が愛らしいと好事家の間では人気が高い

ヘビやワニなどを展示している「熱帯蛇類温室」も案内していただいた。

ただし、どこも施設の老朽化が目立つ。というのも、入場者数の減少に伴って予算的にも厳しい状況が続いており、改修までは手がまわらないからだ。1980年代までは会社の慰安旅行などで多くの団体が訪れ、最盛期は年間10万人が来場していたが、現在は2万人前後まで減少している。

「でも、飼育しているのがヘビだからこそ、運営できている部分もあるんですよ。ヘビは1週間に1回、マウスなどのエサを与えたら充分ですし、種類によっては数カ月エサがなくても大丈夫な個体もいます。また、狭い場所でも問題なく育つので、飼育自体もラクなんですよ」

入場者自体は減少しているが明るい兆しも見えている。熱烈なファンからの支援は増えているということだ。たとえば、YouTubeでヘビの食事風景を配信すると多くの投げ銭が集まったり、Amazonに「欲しいものリスト」を掲載すると飼育に必要なランプやヒーターなどが届いたりすることもある。最近では、飼育スタッフのためにお茶やコーヒーなどの飲料を箱単位で差し入れてくれるファンもいる。

資料館にある世界最大種のヘビ、アナコンダの骨格標本

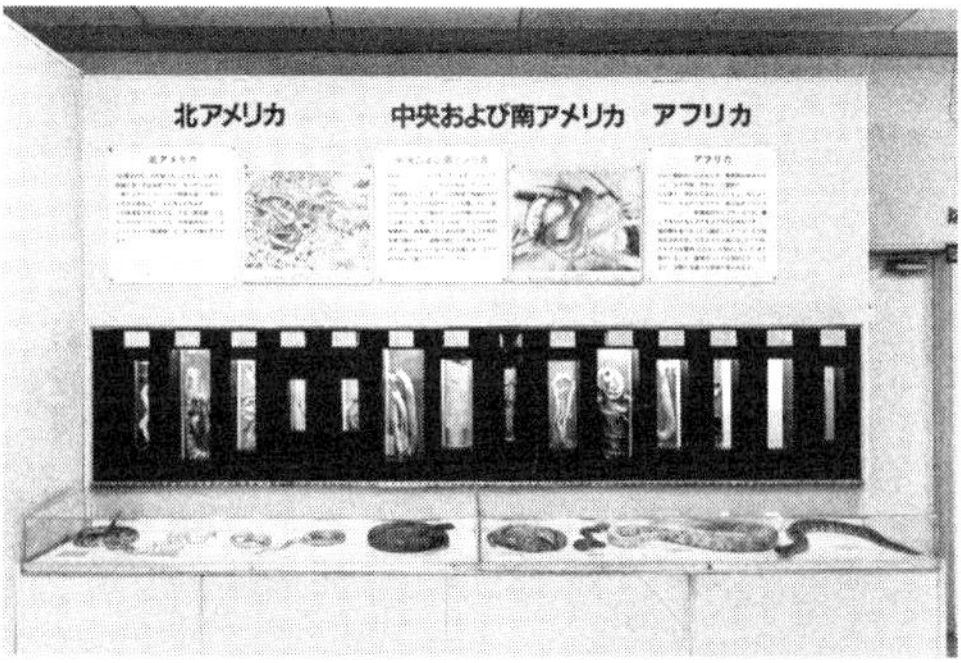

資料館には世界中のヘビに関する標本がそろっている

これまで沖縄や奄美諸島の海に生息していたウミヘビだが、海水温の上昇にともなって紀伊半島のあたりでも見られるようになった。今後は、ウミヘビによる咬傷も増える可能性がある

「以前に比べて、爬虫類ファンがじわじわと増えてきたことは実感しています。昔は一日飼育体験イベント（現在は休止中）を開催しても、参加者が新聞記者一人だけということもありました（笑）。でも、今では小学生が参加してくれることが多くなってきました。やはりYouTubeなどの動画の影響や、ペットとしてヘビが普及したというのが大きいのかなと思います」

ヘビは温度管理さえしっかりしていたらエサ代もあまりかからないうえに、掛け合わせでカラフルな個体が増えたので、ペットとしての人気が高まり、飼う人が増えているという。ＪＳＣでも飼育しているヘビを繁殖させ、それを販売することで運営費を補っている。

「実は今年（２０２４年）の秋からは、ちょっと頑張らなきゃいけないなと思っているんですよ。というのも、来年は巳年だからです。毎週日曜日に大蛇や白蛇との記念撮影を行な

世界最強の毒ヘビといわれるブラックマンバ。一説によると、ひと咬みで成人男性15人を殺せるほどの猛毒をもつ。JSCでもトップクラスの人気を誇る

っていますが、2013（平成25）年の巳年のときは、その写真を年賀状に使いたいというお客さんが多く、一日に100人ぐらい集まったこともありました。最近は、年賀状を送る人も減ってきたとはいわれていますが、やっぱり期待しています。ヘビも多くの人の首に巻き付けられるとストレスがたまるので、交代制で頑張ってもらおうと思っています（笑）」

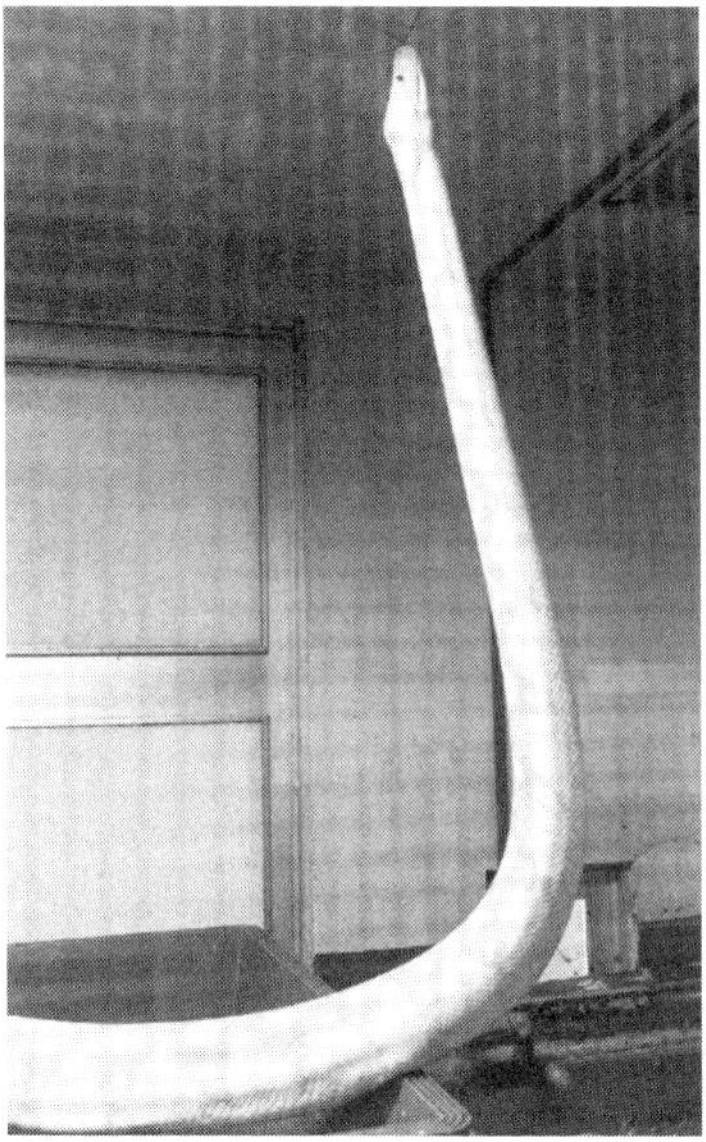

オオアナコンダとともに、世界最長のヘビといわれるアミメニシキヘビのアルビノ。2024年に開催されたイベント「白大蛇のわんこラットチャレンジ」では、17匹、約5.4kgのXLラットを完食した

DATA

所在地：群馬県太田市藪塚町3318
アクセス：北関東道太田藪塚ICから車で約10分、東武桐生線藪塚駅から徒歩15分
休園日：金曜（7月後半から8月は無休）
開園時間：9時～17時（3～10月）、9時～16時30分（11～2月）
＊入園は閉園1時間前まで
入園料：1000円、小学生以下500円
Tel：0277-78-5193

秩父珍石館

埼玉県秩父市

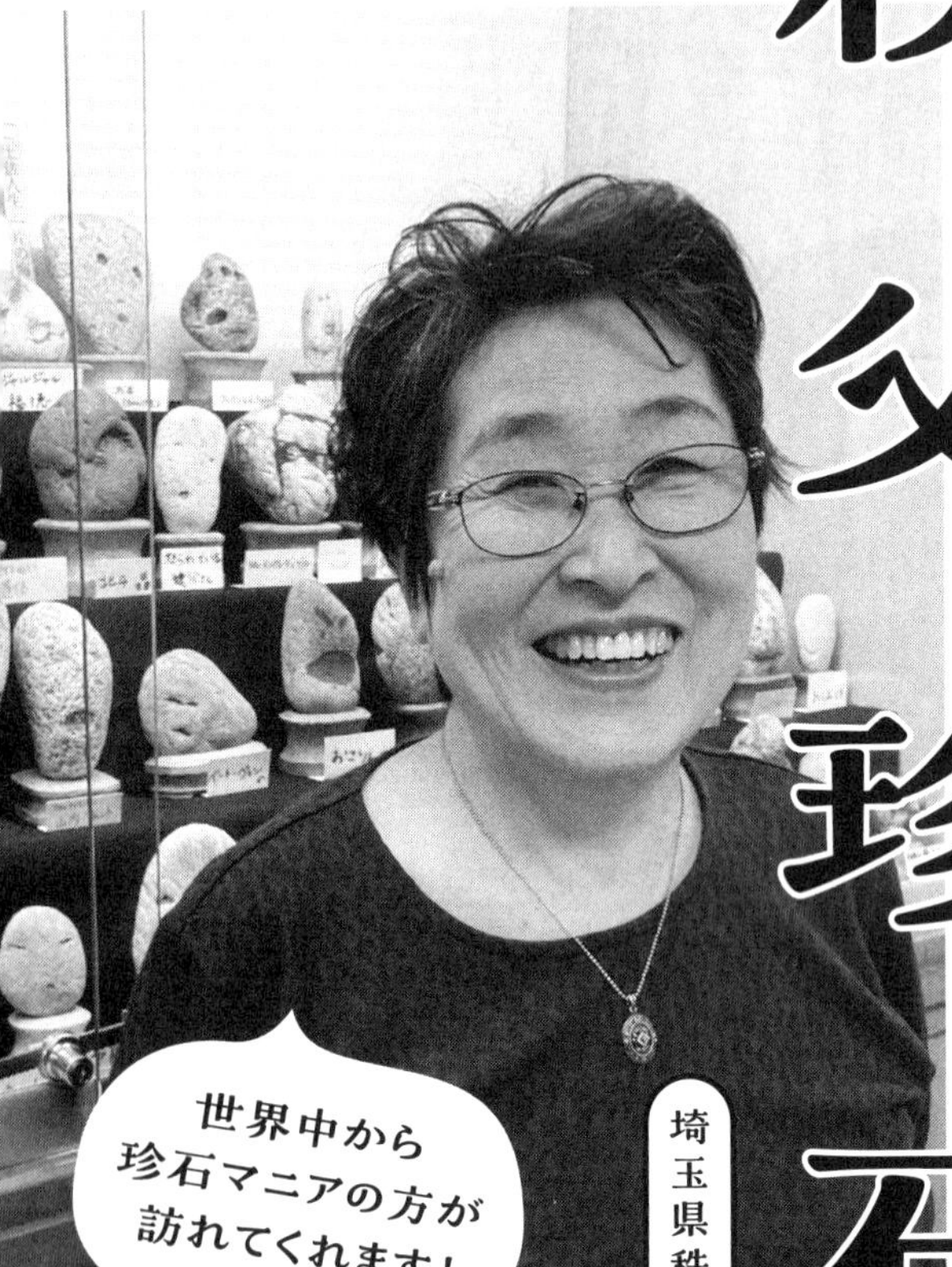
世界中から
珍石マニアの方が
訪れてくれます！

元は寿司屋の女将さんだっただけあって、話し上手な芳子さん。石にまつわるうんちくを教えてもらえるのも楽しい

「はい、よくいらっしゃいました！　西武秩父駅からどうやってきたの？　レンタサイクル？　じゃあ10分ぐらいだね。あなたはウチに来たのは初めて？　まずはひととおり説明をしますね。もし、私が早口で聞き取りにくかったら、遠慮なく『ストップ！』って言ってください。ちゃんと話を止めますから」

住宅街の一角にある「秩父珍石館」のドアを開けると、明るく愛想のよいおばちゃんが話しかけてきた。どうやら彼女が館長さんらしい。この本で取材させていただく方は、マニアックな人が多いので、話を聞いても、打ち解けるまでに時間がかかることがある。しかし、今回はそんな心配はなさそうだ。

珍石館がある秩父地方は、地質学の研究が盛んなエリア。「地球の窓」と呼ばれる長瀞《ながとろ》の岩畳は、日本列島の形成過程を間近で観察できる地質資源として知られる。近隣には国の天然記念物「ようばけ」（大規模な地層の断面）や「おがの化石館」などもあり、石好きにはたまらないスポットとして知られている。

「まず、ここにある石ですが、これは父親が趣味で集めたものです。2010（平成22）年に父が亡くなったので、私が引き継いで管理しているんですよ。父はもともと『水石《すいせき》』をやっていたんですけど、それがいつのまにか人面石集めに変わっていったんです」

「水石」とは、自然の石を絵画や茶器のように蒐集して愛でる文化のこと。ひとつの石のなかに無限の宇宙を感じ取るもので、自然芸術のなかで最も奥深い趣味といわれている。館長である羽山芳子さんの父親、正二さんは1921（大正10）年に秩父市で生まれ、地元の主要産業であった織物業を営んでいた。そして40歳のころから、日曜日になると山に出かけて、水石を探すようになっていったという。

正二さんが名づけた水石、「南アメリカ ギアナ高地 テーブルマウンテンの滝」。白い部分は滝を流れる水のように見える

夢のお告げをきっかけに人面石の蒐集へ

「父親は、石が本当に好きだったんですよね。酒もタバコもゴルフもやらず、ただひたすら石だけを集めて50年。でも、石でよかったなと思います。引き継いでも、ホコリだけ払っておけば手入れがいりませんからね。うちのおじいちゃんは盆栽が好きだったんですけど、亡くなった後は、芽摘みなんかの手入れができなくて、結局ほとんど枯らしちゃいました」

最初は水石を集めていた正二さんだったが、ある出来事を機に人面石に興味が移った。それは知人から譲り受けた、ひとつの人面石だった。真っ白なふたつの目と半開きの口元が印象的な人面石は、笑っている子どもの顔のように見える。「招福神童」と名づけられたこの石は、秩父珍石館が生まれるきっ

石の奥に見える写真が羽山正二さん。「石の上にも三年といいますが、
父親は50年ですからね（笑）」

かけとなった重要なアイテムとして、今も館内の奥の神棚に祀られている。

「この石に出会ってから、父は人面石を集めるようになったんです。どうやら秩父の両神《りょうかみ》山の沢で採れた石らしいのですが、どうしてこんな顔みたいになったのか、博物館の専門家に聞いてもわからないんです。ただ、目と口に見える白い部分は、二枚貝の化石じゃないかとのことでした。この石を入手した後、父親の夢に石と同じ顔をした神様が現われたそうで、『仲間が欲しいよう』って訴えてきたらしいです。それを聞いた父は、使命感に駆られて人面石集めを始めちゃったんですよ（笑）」

夢のお告げがあった翌日、正二さんが荒川で石を探すとたくさんの人面石が見つかった。仲間がすぐに見つかったことで、正二さんの人面石探しの熱はさらに高まった。しかし、その後は朝5時から探し始めても、1日に3個見つかれば上出来だったという。

来館者が自分の感性で石に名前をつけられる

そして、見つけてきた石をきれいに洗った後、木で台座を作り、顔に見立てた自然の石に名前をつけて楽しんだ。館内の展示室には、そのような正二さんが愛でた顔ぶれが所狭しと並んでいる。その数は1700個以上で、正確な数は芳子さんにもわからないという。

「本当によくこんなに拾ってきましたよね（笑）。石の名前は父親がつけたものもありますが、お客さんが考えてくれたものもあるんですよ。たとえば、これなんかひとつの

「招福神童」と名づけられた人面石。『中井正広のブラックバラエティ』というテレビ番組に取り上げられて話題になったこともある

石に3つの名前がついているんですよ。私の年代だと『エルビスプレスリー』ですけれど、今の小学生にはわからないから、『トランプ大統領』になるんですよね。みんなそれぞれの感性で、自由に名前をつけてくれますが、本当に上手なんですよ。私なんて毎日見てい

カメの甲羅をイメージさせる模様から、亀甲石とも呼ばれる石。人面石以外にも珍しい石がたくさん展示されている

それぞれの石には、来館者によってユニークな名前がつけられている。石の名前が書かれた紙は、命名者が自分で書くことになっている

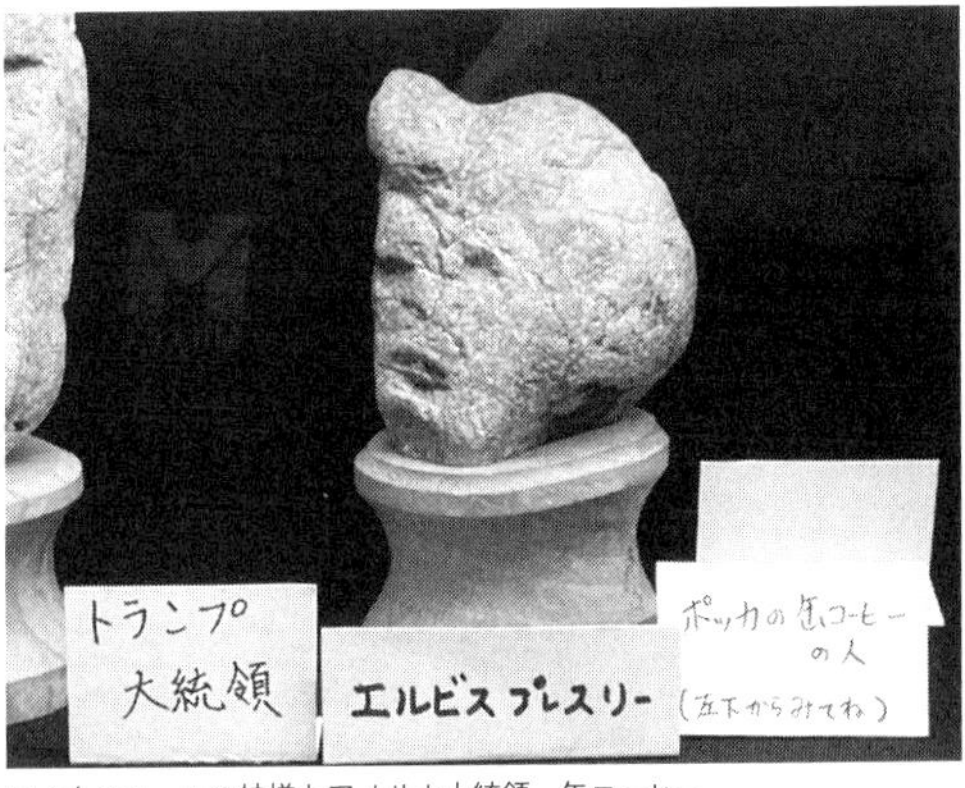

ロックンロールの神様とアメリカ大統領、缶コーヒーのキャラクターの3つの名前がついた人面石

ても、全然思いつかないですからね。言われてみて、あら本当だ！って感心しちゃいますもん（笑）」

現在、秩父珍石館の館長を務める芳子さんだが、正二さんと同じく石好きだったのだろうか？

「**若かったころは、石なんか全然興味がなかったんですよ。私はうちの主人と珍石館の隣で、お寿司屋さんをやっていましてね。このあたりでは、結納や法事の際に使ってもらうことが多くて、それはもう忙しかったんです。でも、主人が悪性リンパ腫になっちゃったもんで、思いきって店を辞めたんです**」

テレビ朝日の『羽鳥慎一モーニングショー』に芳子さんが出演した際に、アナウンサーの山本雪乃さんが命名してくれた「疲れて、クマができた宇宙人」

ご主人の羽山茂さんが病気と診断されたのは、2018（平成30）年のこと。家業だった寿司屋は繁盛していたが、商売はストレスがかかるので、辞めることにした。しかし、投薬治療を続けた結果、茂さんは奇跡的に回復。今では、珍石館を経営する芳子さんを支えながら、元気にシルバーサービスに通っているという。

「**店を閉めて、館長として珍石館をやるようになったら、私も石のおもしろさがわかるようになってきました**（笑）**。若いときは忙しくて、石のことまで考える余裕がなかったんだろうね。でも子どものころから、父親が石を集める姿をずっと見てきたから、『この石はいいな』っていうのはなんとなくわかるんですよ**」

ネット動画が普及したこともあって、最近では外国から訪れるお客さんも増えている。

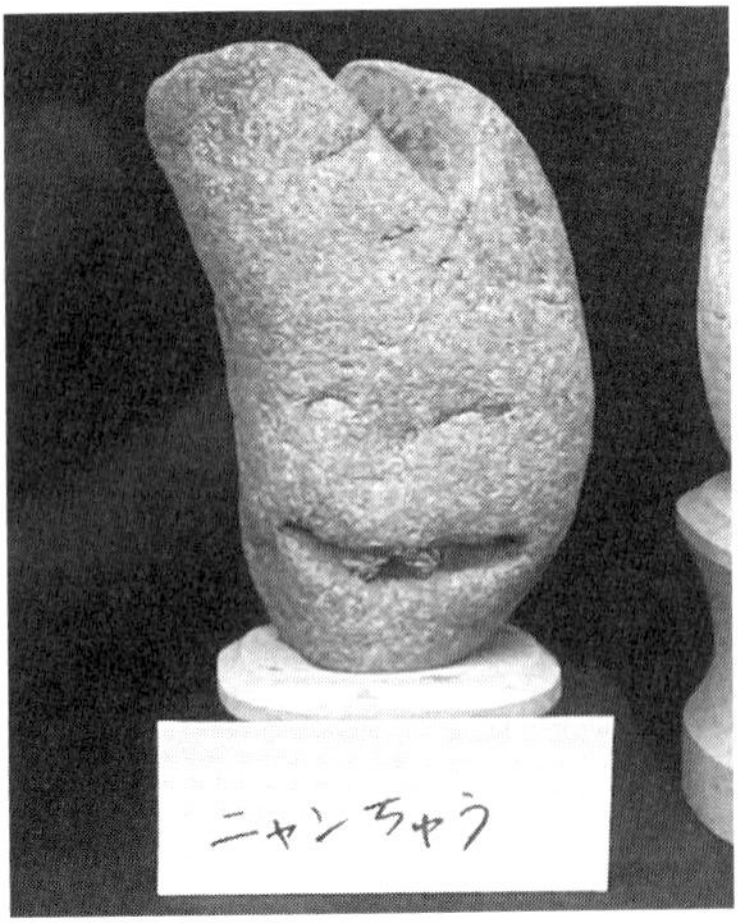

数ある石のなかでも芳子さんのお気に入りの石。ニャンちゅうとは、NHKのEテレに登場する人形のキャラクター。確かにすきっ歯がかわいい

「これなんか、一反もめんだって言われたら、もうそれ以外に見えなくなってくるでしょ。名前をつけた人は、すごいよね！」

展示されている石を見ると、デンマーク、フランス、ポルトガル、クロアチア、スイスなど世界各国から珍石が送られてきている。

「イギリスのＢＢＣや、アメリカのＣＮＮなんかも取材に来たことがありますよ。５〜６年前には、フランスの有名なYouTuberが訪れたんですけれど、その方のチャンネル

世界中を探しても、このような人面石に特化した博物館はないという

日本どころか世界中でも有名な珍石館には、多くの取材陣が訪れる

が人気みたいで、いっときはフランスのお客さんが増えました。台湾の人が来たときは日本語をあまり喋れなかったけれど、『私も石が大好きなんです』と言ってました。私も中国語はわからないけど、大好きって言っている雰囲気はなんとなくわかりました（笑）」

確かに「子どもを抱いているお母さん」に見える不思議な石

大阪のローカルテレビCM「551蓬莱」を知っている人は、ニヤリとする人面石。名づけたのも大阪のお客さんとのこと

イギリス人の女の子が来て「ダードル・ドア」と名づけた珍石。イギリスの有名な景勝地で、上がその写真。確かに似ている

人面石以外にも見るべき珍石がいっぱい

秩父珍石館は人面石がメインの展示品ではあるが、ほかにも珍しい石が多い。正二さんが集めたもの以外にも、オークションで買ったり、人から譲り受けることもあるという。

「たとえば、これは孔雀石（巻頭カラーページ参照）といって、砕いて絵の具として使われた石なんです。有名なものでは、江戸時代の画家・尾形光琳《おがたこうりん》の『燕子花《かきつばた》図屏風《ずびょうぶ》』の緑色の部分に使われています。カキツバタの葉の部分ですね。ほかにも孔雀石は、クレオパトラがアイシャドーに使っていたとNHKの番組でやってました（笑）。この石は硬いので、粉にするのは大変だったと思いますよ。せっかく入場料をいただいているから、お客さんにはひと

つぐらい豆知識を持ち帰ってもらおうと思って、いろいろなことを話すようにしているんですよ」

芳子さんのマシンガントークは止まらないが、ちゃんとこちらの興味のありそうなことを探りながら話してくれるので、とても楽しい。さすが長年にわたって、寿司屋の女将さんを務めていただけあって、相手を飽きさせない話術が光る。

「**これは葉っぱの化石で、うちの主人がたまたま見つけたんです。葉っぱの化石って、崩れちゃっているのが多いんですけれど、これはよく見つけたなと思いましたね。化石といえば、10年くらい前に岩手県の久慈で、中学生が小型恐竜の化石を見つけたニュースがありましたよね。久慈は化石がよく出てくる場所なんですが、中学生でそんなものを見つけちゃったら、もう石の沼から抜け出せなくなるよね。『ようこそ、石の世界へ!』って思いましたよ**（笑）」

芳子さんのご主人が見つけた植物の葉の化石。ここまではっきりと葉の形が残っているのは珍しい

一家そろってとことん凝り性

珍石館の2階は数多くの人面石が展示されているが、その一角に、江戸時代の大名の名前を書き連ねた不思議なコーナーがある。珍石とはまったく関係ないように思えるが、いったい何なのだろうか？

「父が『サルノコシカケ』が欲しいって言うから、買ってきたらこんなものを作っていました（笑）」

「これは江戸時代に、将軍に拝謁する際の席順を記した古文書です。実は、うちのご先祖様に関係あるんですよ。おじいさんは泉州岸和田の大名・岡部《おかべ》筑前守《ちくぜんのかみ》っていうお殿様の家来で、

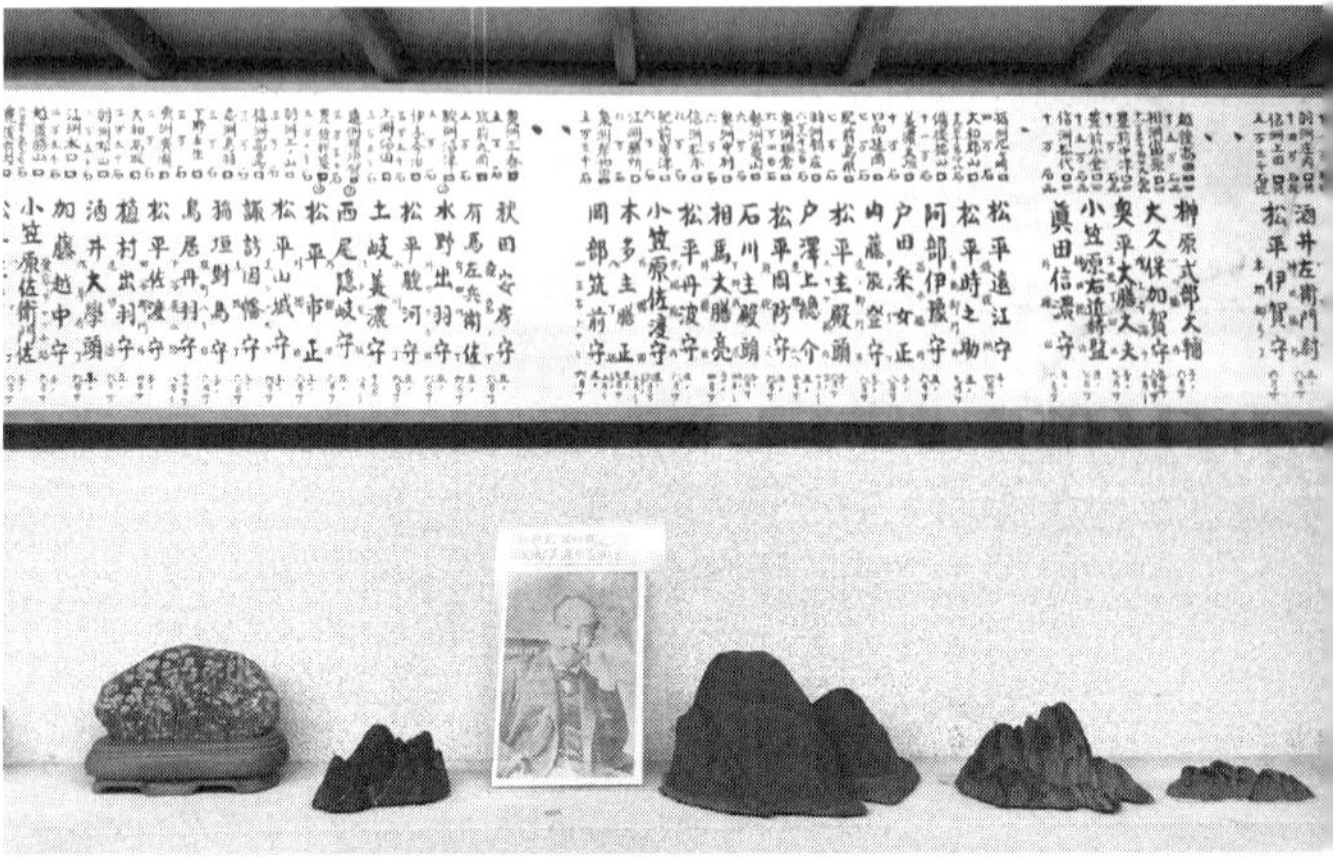

江戸時代の席順を表わした巻物。真ん中の写真は、殿様だった岡部筑前守で、ご先祖様が、お別れするときにいただいたもの

江戸詰めだったんです。もともとは赤坂に住んでいたんですが、明治になって武士階級がなくなったときに、秩父に移ってきたんです」

正二さんはある日、古い仏壇の中に入っていたこの古文書を発見。かなり劣化していたので、ところどころ読めなくなっていたが、図書館に通って自力で内容を調べ上げた。そして2年の歳月を費やして、完成させ、兄弟などにも配ったという。とにかく、一度凝りだすと止まらなくなるという、正二さんの人柄がうかがえる。

「でもね、凝り性なのは父親だけじゃないんですよ。主人もカメラが好きでね。今じゃスマホで写真を撮るから、カメラなん

ていらないっていう人が増えているでしょう。それをみんなもらってくるのよ。ここにあるだけじゃなくて、自宅にも山ほどあるの。娘が『もしお父さんがボケちゃったり、死んじゃったら、私は整理できないから処分しといてよ』って散々言っても、聞きやしないのよ。もうしょうがないって思うけれど、結局、父親も主人も同じなんだよね（笑）」

芳子さんの日々の暮らしと珍石館への思い

そんな芳子さんの趣味は畑仕事だ。毎日、畑に出かけ、掃除や洗濯などの家事をこなしながら、珍石館を運営していくのは、なかな

ご主人の茂さんのカメラコレクションは、人面石を展示しているケースの下の棚にひっそりと保管されている

か大変だ。

「**お客さんが来るときはまだいいけれど、平日で雨の日なんかは、ほとんど人が来ないときもあるのよ。だから最近は、『近くにいるから電話してください』という貼り紙をするようにしているの。そんなにたくさんの人が来るわけじゃないけれど、続けたいのよ。わざわざ外国から来てくれる人もいるしね。外国人でもスマホのGoogle翻訳を使えば、コミュニケーションを取るのは簡単よ。ただね、日本語で敬語を使うと、ちゃんと訳されないことがあるのよ。そういうことを発見できたのも、なんかおもしろくてね（笑）**」

芳子さんは、2024（令和6）年現在75歳。今後、珍石館をどのようにしていくかについては、はっきりと決まっていない。

「**娘は嫁に行っているし、息子は東京で仕事をしているから、これからどうしようかなというのがいちばんの悩みですね。息子が定年になってこっちに帰ってくれば、また違ってくるかもしれないけど、先のことはわからないですよ。でも、珍石館を残したいという気持ちはあります。もったいないですよね、これだけいい石があって。わざわざ川に持っていって捨てるのも大変だしね。**

もしここを閉めることになったら、自分で名前をつけた人に来てもらって、石を引き取

ってもらうのもいいかなとか考えたりもしますが、今からあれこれ悩んでも仕方がないから、そのときになったら考えようかなと思っています（笑）。

とりあえず、今は子どもに石の世界のことを教えたいですね。まずは、人面石から入って化石の世界、それから鉱物の世界まで引きずり込んじゃう（笑）。地球の芯や宇宙も石からできているよと教えてあげると、頭のいい子はＮＡＳＡに行ったりするかもしれないし（笑）。その、ちょっとしたきっかけになるとうれしいですね」

DATA

所在地：埼玉県秩父市上影森 764-6
アクセス：秩父鉄道影森駅から徒歩約 15 分
休館日：火曜
開館時間：10 時～ 17 時
入館料：500 円、小学生 200 円
Tel：0494-24-7288、090-4223-4373

岩下の新生姜ミュージアム

栃木県栃木市

エントランスを入ると岩下の新生姜の巨大パッケージとピンクのピアノが設置されたイベントステージがある

午前10時の開館時間に間に合うよう、少し早めに家を出たところ、30分も前に到着してしまった。しかし、もうすでに駐車場には家族連れを中心に数台の車が並び、「岩下の新生姜ミュージアム」の開館を待っていた。『珍パク』の取材で開館前から行列ができている光景を見るのは初めてで、「そんなに人気の施設だったのか!」と驚いてしまった。

そして、いざ館内に入ってみると、その驚きはさらに大きくなった。とにかく館内の展示物、デコレーションが、すべてピンク一色なのだ。メルヘンチックやかわいいを通り越

 写真／中村英史

純和風の塀とその上に設置された「NEW GINGER MUSEUM」の切文字が、不思議なミスマッチ感を醸し出している

して、どこか狂気すら感じてしまうほど。さらにBGMとして流れている「**岩下の〜♪　新生姜っ！　岩下の〜♪　新生姜っ！**」というテーマソングがエンドレスで繰り返され、脳内がだんだんとぼんやりしてくるような感覚に陥ってくる。

来館した著名人のサインの多さに驚く

順路に沿って進んでいくと、壁には来館した有名人のサイン色紙が隙間なく飾られている。アイドル歌手やお笑い芸人、マンガ家、YouTuberなどさまざまなジャンルの著名人のサインが並んでいるが、気になったのは世間的にはそれほど知られていない、アンダーグラウンドで活躍しているミュージシャンのサインが多

通路には新生姜ミュージアムを訪れた著名人のサインがずらりと並んでいる。自分の興味のある人物を探してみるのも楽しい

い点だ。

特に印象に残ったのは、アルゼンチン・フォルクローレの巨匠、アタウアルパ・ユパンキの生涯唯一の弟子である伝説的ミュージシャン、ソンコ・マージュのサインが展示されていたことだ。館内に掲示されて

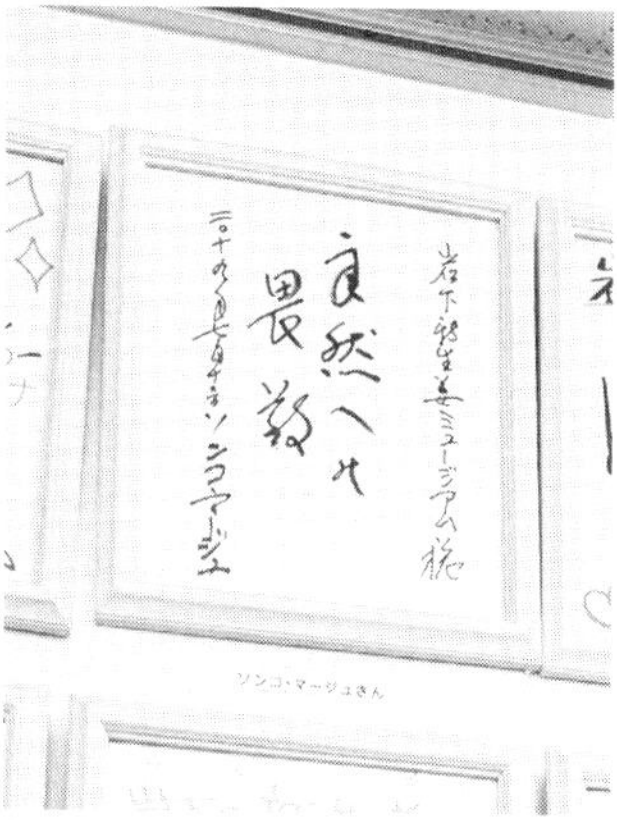

栃木県出身のソンコ・マージュさんのサイン。ソンコ・マージュとは、ケチュア語で「心の川」を意味し、ユパンキから贈られた名前だという

いた新聞記事によると、２０１９（令和元）年にこのミュージアムでコンサートが開催され、立ち見が出るほどの盛況ぶりで、約３００人の来場者が詰めかけたそうだ。

岩下の新生姜が誕生するまで

さらに足を進めると、「岩下の新生姜」とはどのような食べ物なのかを紹介する解説パネルが目に留まった。その説明によると、商品が誕生したのは、１９７８（昭和53）年のこと。当時、岩下食品の社長であった岩下邦夫さんが、新しい食材を求めて台湾を訪れた際、機内食で出されたショウガの味に驚いたことがきっかけだった。日本では味わったことのないようなみずみずしさと、さわやかな風味に魅了

岩下の新生姜と一般的な日本の新ショウガの比較。
見るからにまったく違う種類であることがよくわかる

ピンクって、
人の目を引く
やさしい色だと思う

岩下の新生姜カラーであるピンクのスーツと
髪の毛が印象的な岩下和了社長

された岩下氏は、どこで作られているのか調査を開始。ついに、台湾在来種の「本島姜（ペンタオジャン）」であることを突き止めた。そして、「このおいしい食材を日本の食卓にも届けたい」と決意したという。

　しかし、台湾から日本に輸送してくる間に、独特の風味が失われてしまう問題に直面。試行錯誤の末に、低塩・低温で浅漬風に仕上げる製法を開発し、素材の風味を保ちながら商品化することに成功したのは、それから9年後の1987（昭和62）年のことだった。ちなみに、一般的に日本で食べられる新ショウガと岩下の新生姜は、まったく別物で、日本の新ショウガを酢漬けにしても「岩下の新生姜」の味にはならないという。

　発売以来、順調に売り上げを伸ばしていた「岩下の新生姜」だが、1996（平成8）年をピークに売り上げは、徐々に低迷。その背景には、食事の欧風化や塩分の摂り

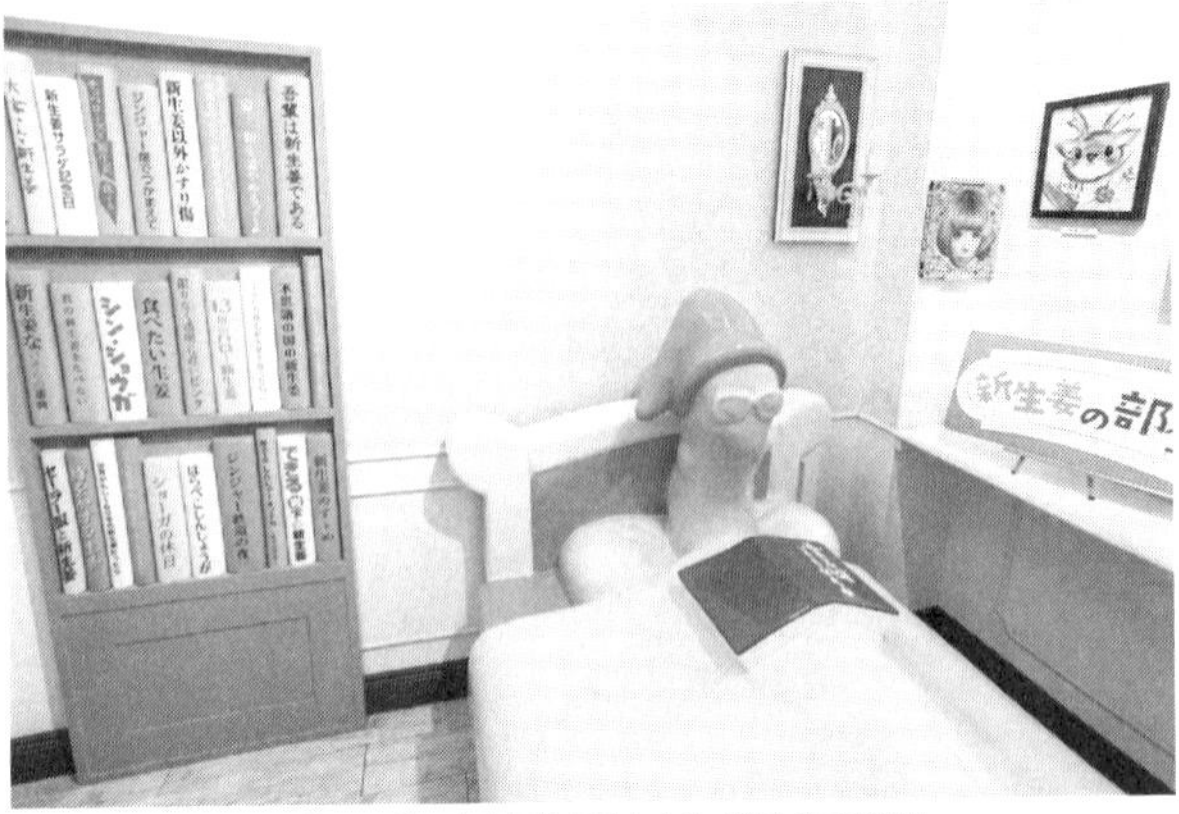

部屋の住人である新生姜と一緒に恋人気分を味わえる「新生姜の部屋」。
本棚の書名もすべて生姜しばりなのもおもしろい

過ぎを敬遠する健康志向に伴った、漬物市場の縮小があった。この困難な時期に、第四代の社長として就任したのが岩下和了《かずのり》さんだった。

「Twitterを活用し、お客さんの要望に応える

「うちはメーカーだから、お客さんの声を直接聞く機会がほとんどなかったんですよ。でも、2011（平成23）年の東日本大震災をきっかけに、僕がTwitter（現：X）の使い方を覚えて、自社製品について検索するようになったんです。いわゆるエゴサーチってやつですね。すると、『岩下の新生姜がおいしい』とか『新生姜が大好き！』という声をたくさん見つけて驚きました」と岩下社長は語る。

それ以前にも、岩下食品にはお客様相談室が設置されていたが、寄せられるのは問い合わせがほとんどで、応援メッセージや新商品の提案は年間に10件程度しかなかった。しかしTwitterでは、1日に平均で1000の「いいね！」がつくほど注目を集めていた。これを受けて、岩下社長はユーザーとの直接的なコミュニケーションを積極的に取るようになった。

「**岩下の新生姜ファンのお客さんが、やらせなしで『好き！』という気持ちを発信してくださるのは、本当にありがたいこと。それにすごく恩義を感じて、何か恩返しをしたいと思ったんです。その最初が、『新生姜を使ったレシピ本が欲しい』という声に応えることでした**」

そして、2012（平成24）年に発売されたのが『We Love 岩下の新生姜 ツイッターから生まれたFANBOOK』（マガジンハウス）だった。この本は、Twitter上の140文字のつぶやきレシピを、プロの料理人が再現し、撮影した内容で構成されている。

さらにTwitterには、『新生姜を使った料理が食べられるレストランを作ってほしい』『社長が好きなミュージシャンのステージが見られるライブハウスがあったらいいな』といった声も寄せられた。それらのリクエストに応えるものができないかと思って考えたところ、

高さが5mある岩下の新生姜のかぶり物。顔をのぞかせて記念撮影をすると、
岩下の新生姜になった気分になる

私設テーマパークの構想が生まれた。

「レストランやステージがあって、新生姜のコラボ商品を購入できるテーマパークみたいな施設があったら、お客さんと直接的な交流ができるんじゃないかと思ったんです。実は新生姜ミュージアムをオープンするときは、『絶対失敗する』とか『飲食業を甘く見ないほうがいいよ』みたいなことを言われました。でも、僕にとっての成功は、新生姜のことを推してくださっている方への恩返しなんです。ここで儲けようなんて思っていないから、むしろハードルは低いんですよね（笑）」

どんな料理にもマッチする 新生姜の魅力を発信したい

「岩下の新生姜ミュージアムで伝えたいことのひとつは、新生姜の汎用性の高さなんです。新生姜はご飯に合うだけじゃなくて、洋食のオードブルにもなるし、ピザや中華料理の素材に

新生姜ファンが作ってくれたオリジナルグッズも展示。このようなことからも、ファンと一緒に楽しみたいという岩下社長のポリシーを感じる

ラーメン二郎に岩下の新生姜のトッピングは、ちょっと食べてみたい気もする

も使えます。サンドウィッチやハンバーガーみたいな小麦モノの食品との相性もいいんですよ。それに加えて、ショウガは漢方薬にも使われていて、代謝を高めたり体を温めたりする効果がありますし、妊婦さんのつわりを抑える効能もあります。そんなショウガのよさを、きちんとお客さんに発信する場を作りたかったんです」

こうして、２０１５（平成27）年６月に「岩下の新生姜ミュージアム」はオープンした。ところが、岩下社長がまったく意図していなかった部分で話題が沸騰することになる。開館を記念して作成した、岩下の新生姜の形状を再現したペンライトが、アダルトグッズにしか見えないとＳＮＳで大きな注目を集めたのだ。

「岩下の新生姜のファンにはアイドルもいらしたので、ペンライトを応援グッズとして使っていただけたらと思って企画しました。ただ当時は、僕自身が体調を崩していて、しっかりとチェックできないまま商品が納品されちゃったんですね。届いたものを見て『かわいくないいな』と思ったんですが、せっかく作ったので『苦笑い』と書いてTwitterに投

稿したところ、思ってもいないところでバズっちゃったんです。僕としては、炎上マーケティングなんてつもりは毛頭なかったんですが、変な盛り上がりを見せちゃいましたね」

そんなこともあった結果、ミュージアムは大盛況となり、オープン初日には約1000人、2日目には1500人のお客さんが押し寄せ、開館から27営業日には1万人を突破するほどの人気となった。その後、ペンライトは「打首獄門同好会」などのアーティストのライブで使われる人気アイテムになったが、男性が女性に対するセクハラに使用する事例が報告されたことを受けて、岩下社長は販売終了を決断した。

「みんながおもしろがってくれる分にはいいのですが、嫌がる人がいるならやめようと思ったんです。ミュージアムにペンライトを買いに来て、『申し訳ないですけれど、もう売れないんです』って説明したところ、怒って帰っちゃう人もいましたが……。そんなこともありながら販売を終了して、一段落ついたと思ったら、在庫が1000本以上残っていることが判明したんです。もはや売ることはできないので、すべてオブジェや館内展示に使うことにしました。結果として、

新生姜ペンライトを使ったハロウィン用のカボチャのオブジェ。確かにペンライトを単体で見ると、ちょっとかわいさに欠けるかもしれない

ペンライトクリスマスツリーやエアギターマシーン等の名物展示とすることができたので、よかったです」

少年時代から変わらないロックスピリットを持ち続ける

「岩下の新生姜ミュージアム」もうひとつの大きな特徴は、メジャーからマイナーまで、さまざまなミュージシャンがライブを行なっている点だ。これは岩下社長が幼いころから音楽を愛していたことに起因する。

「小学校高学年のときにセックス・ピストルズの『アナーキー・イン・ザ・U.K.』をラジオで聴いて、『うわっ！　すごい』って感動したのを覚えています。それから中学生になると、ロンドンパンクとフランク・ザッパなんかにハマりましたね。栃木の田舎でもレコード屋が1、2軒あったのですが、そこで少しずつレコードを買い集めたりしました」

思春期を迎え、早く親元を離れたいと思った岩下社長は、栃木ではなく、東京にある慶應義塾高校に進学。そこで出会ったのが、のちに東京スカパラダイスオーケストラのドラマーとなる故・青木《あおき》達之《たつゆき》さんだった。

「最初はクラスの友人から、『音楽好きなヤツがいるから紹介するよ』って言われたんです。ちょっと怖いなと思って断ったんですけれど、ある日呼び出されちゃって（笑）。それがきっかけで仲よくなって、同じくスカパラに加入した川上つよしと3人で、お互いの家を行き来してよく遊びました。いろいろなワールドミュージックなんかを聴いたりして、あのころは楽しかったですね」

さらに、岩下社長が子どものころから憧れていたギターヒーローが、シーナ＆ザ・ロケッツの故・鮎川誠さんだった。

「僕にとってのロックは、鮎川さんのフルテンのレスポールの音なんです（フルテンとは、演奏時に使用するギターアンプのボリューム等をすべて最大（10）にセッティングした状態のこと。音が歪む独特の効果がある）。ラフで歪んでいて、多少チューニングが狂っていても関係ない。とにかく高揚感があるんです。もちろん鮎川さんはギターを上手に

シナロケのライブポスター。岩下社長が鮎川さんに新生姜ミュージアムでのライブをお願いすると、「そう言われるのを待っとったよ！」と言ってくれたという

弾ける人なんですが、そこに重きを置かないっていうのがロックなんですよ。これって、パンクの精神にもつながっていると思います。パンクの魅力は、演奏が上手すぎるとパンクじゃなくなること。下手がカッコいいというのが最高ですよね（笑）」

岩下社長は5年ほど前に、鮎川誠さんと同じギター、レスポールカスタムを入手。あまりにうれしくて中学生のころから大好きだったシーナ＆ザ・ロケッツの「ユー・メイ・ドリーム」を演奏しながら歌う動画をTwitterにアップしたところ、鮎川誠さん本人から「いいね！」をもらったという。それがきっかけで2020（令和2）年には、新生姜ミュージアムでシナロケのライブが実現。そのときのポスターも館内に展示されている。

岩下社長のイチ推しは、踊るイワシカちゃん

2024（令和6）年3月には、新生姜ミュージアムの来館者が100万人を突破。「もっと来館してくれた人に、楽しんでもらえる仕掛けを作りたい！」と語る岩下社長が、特に力を入れようと考えているのが、キャラクターの「イワシカちゃん」だ。イワシカちゃんが誕生したきっかけは、新生姜ミュージアム内にジンジャー神社を設置し、その狛犬を

生姜のポカポカ効果で恋愛成就、夫婦円満などの御利益があるというジンジャー神社。狛犬ならぬ狛シカとして初期型のイワシカちゃんも鎮座している

募集したことだった。

「そういう意味では、イワシカは新生姜ファンの方が生み出してくださったキャラなんです。2種類のデザインがあるのは、狛犬の阿吽を表現しているからですね。ジンジャー神社に飾られている初期型のイワシカは、写実的なシカなんですが、ハロウィンのときにカボチャの形のイワシカを作ってみたんです。ほっぺたがぷっくりした顔にしてみたら、すごくかわいいかったんですよ（笑）。そのフォルムが定着して今に至るんです」

イワシカちゃんが公式メインキャラクターとして全面的に活躍するようになったのは、かわいいだけではなく、類似品との差別化という現実的な理由もあった。近年全国のスーパーなどで、岩下の新生姜にそっくりなパッケージの類似品が、出回る事態が発生していたのだ。

「お客さんを騙す気満々なんですから、本当にひどい話だと思います。うちからも警告をしたんですが、向こうは全然やめる気配がない。デザインの意匠登録を最初にしておかなかったから、差し止めも難しいとわかりました。だったら、こっちが変わろうと思ったんですよ。そこで、イワシカをパッケージに採用して、袋の形も巾着型から平袋にリニューアルしました」

こうして、2021（令和3）年に新パッケージの新生姜をリリース。そして翌年には、着ぐるみのイワシカが、ピンクのステージでかわいいダンスを披露するテレビCMも公開された。

「最初は類似品対策として始めたイワシカですが、今では、子どもから大人まで愛されるスターになってくれました。本当にうれしいですよ。イワシカのダンスには、

土・日・祝日に開催されるイワシカちゃんのグリーティングショー。客席の中央で腰をかがめて、ステージに熱い視線を送っているのが岩下社長

ミュージアムショップには新生姜のコラボ商品がいっぱい。
正確に数えたことはないが1000種類を超えるという

まだまだ可能性があると思うので、ちょっとパンクな曲なんかも取り入れて、お客さんともっと一緒に盛り上がっていきたいですね。お客さんに喜んでもらうのが、とにかく一番ですから」

忙しい岩下社長のインタビューは、イワシカちゃんのグリーティングショーの合間の1時間ほどだったが、音楽やイワシカちゃんの話をするときは、少年のように目をキラキラさせながら話していたのが印象的だった。

ファンの声を大切にする「岩下の新生姜ミュージアム」が、これからどのように進化していくのか。岩下社長の動向も含めて今後に注目したい。

DATA

所在地：栃木県栃木市本町 1-25
アクセス：東北道・北関東道栃木IC から車で約 15 分、
JR・東武線栃木駅から徒歩約 12 分
休館日：火曜（祝日除く）、年末年始
開館時間：10 時～ 18 時（ライブ・イベント時は変更あり）
入館料：無料
Tel：0282-20-5533

そのほかの珍パク〈ノンジャンル〉

名称	所在地	概要
ロックハート城	群馬県吾妻郡高山村	10万㎡の敷地内にはスコットランドから移築された古城をはじめ、石造りの教会やレストランなどがあり、中世の街並みを再現している。ドラマやPVのロケ地としても知られる
上州三日月村	群馬県太田市	昭和時代に人気のあった笹沢左保原作の時代劇「木枯し紋次郎」の故郷という設定のテーマパーク。さまざまな仕掛けをクリアして脱出していく「からくり屋敷」が人気
白井そろばん博物館	千葉県白井市	中国から日本に伝わって450年以上というそろばんの歴史を振り返り、実物を約2000点以上を展示。タイなど世界各国と日本のそろばんを見比べてみるのもおもしろい
刀剣博物館	東京都墨田区	日本刀に関する文化や魅力を発信していくことを目的としたミュージアム。刀剣類、刀装、刀装具などの展示品のなかには国宝や重要文化財なども多い。個性的な企画展にも注目
明治大学博物館(刑事部門)	東京都千代田区	世界中の拷問や処刑に使われた器具を展示。中世ドイツの処刑具「鉄の処女」やフランス革命で知られる「ギロチン」は、日本でもここでしか見ることができない
目黒寄生虫館	東京都目黒区	日本で唯一の寄生虫を専門にした私立博物館。1953年、医学博士の亀谷了氏が私財を投じて建てたもので、全長8.8mに及ぶサナダムシの一種などが展示されている
東京農業大学「食と農」の博物館	東京都世田谷区	世界中の鶏、126点の剥製が展示されているほか、農家の古民家を再現したジオラマなども。併設の温室「バイオリウム」と合わせて多ジャンルの展示物を見られる
昌國利器工匠具博物館	埼玉県川口市	日本でも数少ない刃物ミュージアムで、館内には武田家の馬のタテガミ用ハサミなど3500点ほどの刃物類製品等を展示。壁一面に飾られた盆栽手入れ用の器具は壮観
シルク博物館	神奈川県横浜市	明治時代から横浜港の主要な輸出品であったシルクの歴史を紹介。蚕の糸から絹ができる工程や、和洋にわたる主要なシルク製品の展示などを見ることができる
観音ミュージアム	神奈川県鎌倉市	鎌倉の名刹・長谷寺の境内にあり、観音菩薩について学べる。タッチパネルで本尊の十一面観音をさまざまな角度から観たり、長谷寺の開創縁起をアニメで体感できる
蜂天国	長野県東御市	スズメバチの巣をつなぎ合わせたアート作品など600点余りを展示。巣を160個使った高さ3m776cmの「蜂富士山」は世界最大の蜂の巣に認定されている

インタビュー

都築響一さんに聞く！

「私設ミュージアムは、これからも生まれてくる」

地元の人には珍スポットのおもしろさが見えていない

――都築さんの『ROADSIDE JAPAN 珍日本紀行』（＊1）は、日本全国の珍スポットを紹介する本として先駆けかと思います。なぜ、そのような書籍を作ろうと思ったのでしょうか？

あれは90年代の初めぐらいで、ちょうど『TOKYO STYLE』（＊2）という写真集の写真を撮り終わったタイミングでした。そのころ、地方にはちょっと変わったおもしろいものがたくさんあることを知って、取材をしたいなと思ったんです。たとえば和歌山にカエル型の橋があるとか。そのことを親しかった『週刊SPA！』の編集長に話したところ、「2～3カ月の短期連載ならできるかもね」ということで始まりました。短期連載のつもりだったので、取材時の運転から撮影、原稿書きまで、全部ひとりでやりました。

――それが5年も続いたのですね。でも、90年代はインターネットもなかったと思うのですが、情報はどのように集めたのでしょうか？

主に旅行ガイドブックの『るるぶ』でしたね。「昔ながらの遊園地があります」などの小さな記事を見つけたら、たぶんおもしろくないだろうけど、とりあえず行ってみるんです。すると、その途中で電柱に「純金大仏5㎞先」みたいな看板を見つけるんです（笑）。あとは、泊まったビジネスホテルのフロントに置いてあるチラシも活用しました。最初のころは、旅館の仲居さんに「どこかおもしろいところはないですか？」と聞いたりしたんですが、「お客さんエッチですね」とか言われたりして（笑）。

地元の人には、ほとんど聞きませんでした。教えてくれないというよりも、住んでいる人には、その場所のおもしろさが見えないんだと思います。何も見つからないときは、ひたすら車で下道を走って看板を探したりしていました。

――それはそれで、宝探しみたいでおもしろそうですけれど。

確かにおもしろいんですけれど、週刊誌ですから締め切りが大変でしたね。しかも、フィルムの時代だったので、現像のためにちょくちょく東京へ戻る必要があったんですよ。

――情報収集をリサーチャーの方にお願いすることはしなかったのでしょうか？

僕はリサーチャーをほぼ雇わないですよ。外国の取材でも同じです。リサーチャーにお願いしちゃうと、その人のバイアスがかかった情報で取材することになりますし、教えてもらったスポットを潰してゆくだけの取材になってしまいますから。

――実際に、取材で日本中の珍スポットを回ってみた感想はいかがですか？

先ほども言いましたが、いちばん感じたのは、地元の人には珍スポットのおもしろさが見えていないということです。取材に行く前に、まわりの地方出身者にいろいろと聞いてみるわけです。三重県出身の人がいたら、「元祖国際秘宝館があるでしょう？」って聞くと、「ああ、ありましたね」という程度の反応なんです。小学生のとき、通学路に秘宝館の看板があって、「お母さん、あれは何？」と聞いたら、「あそこは行っちゃいけません」とか「見ちゃいけません」って言われ続けたら、自然と見えなくなっちゃいますよね。

あと、『珍日本紀行』に関していうと、ほぼすべて盗撮なんですよ。

――取材許可を取っていないということですか⁉

そうですね、もちろん取ろうと思えば取れるんですが、あえて取りませんでした。週刊誌の取材だというと歓迎してもらえるんですが、その反面、別の面倒くさいことが起きるわけです。取材先でお茶が出てきたと思ったら、いつの間にかビールと寿司が出てきて、最後に封筒を渡されて「御車代です」とか（笑）。よく書いてもらいたいからなのでしょうけれど、それが嫌なんですよ。

——特に田舎に行くほど、そういうようなことがありますね。

取材だと、「普段はお見せできないところまで見せます」ということが多々ありますが、それも嫌だなと思ったんです。普通の人が行って、見られるところがおもしろくないと意味がないですよね。

——確かにそうですね。

ヒマな親父がフラっと出かけて行って、写真を撮っておもしろがれる。おもしろいものだけを見て、長話をしないで次の珍スポットを早く探したい。そんなスタイルで紹介したかったので、インタビューもしなかったんです。というのも、当時の取材というのは、取材相手と仲よくなって酒を酌み交わし、できれば一晩泊まって、ケンカしたり泣いたりしながら、相手の人となりを知るというようなことがすばらしいとされていたんです。そういう取材の美学みたいなものが嫌だったんですよ。

もちろん、相手の懐に深く入り込むような取材を全否定するわけじゃないですが、新しい方法でやりたかったんです。僕が求めたものは完成された記事ではなく、きっかけをつくりたかっただけ。いい記事だと褒めてもらうよりも、それを読んで「見に行こう！」と思ってもらえることのほうがうれしいんです。

おもしろいから取材するんじゃない。おもしろそうだから取材する

——最初からそういうコンセプトで取材をしたわけではなく、やっていくうちにそう思うようになっていったのですか？

そうですね、これまでコンセプトなんて立てたことがないですよ。連載がどれだけ続くのかもわからないですし、やってみないとわからない。とりあえず始めてみたことで、珍名所は日本中にたくさんあ

って、全然知られてなくて、地元の人は嫌っているんだということがよくわかりました（笑）。だから、この連載がおもしろくなるなと思えたのは、2〜3年続けてからですね。

――取材は行ってみないとわからない部分が多いですから、事前の編集会議で「この企画は、必ず当たります！」みたいな話ってないですよね。

会議は自分のアイデアをプレゼンする場なわけですよ。たとえば、「今、●●の珍スポットが来ています！」みたいに言うと、そのことを知らないスタッフたちは「どこにどう来ているのよ？」って聞いてくる。その根拠として、いろいろな過去の記事を見せるんですが、基本的にその時点で〝一番煎じ〟なわけです。誰かがやったことしか見せられないのですから。それだったら取材する必要はないんじゃないかと思います。おもしろいから取材するのではなくて、おもしろそうだから取材するんです。

もちろん、失敗も多々ありました。アメリカのド田舎に、一日かけて車で行ったら「冬季休館」とか（笑）。でも、それだったら、その場で何か新しいものを探す、それが楽しいんですよ（笑）。ただし、そんなことはひとりやふたりの少人数だからこそ、できることかもしれません。

――そういう意味でも、取材は個人でやるほうが小回りも利くからいいですね。

基本はそうですね。昔のテレビとかは、取材クルーが大勢いたので、そうはいかなかったでしょうけれど。でも、今ならカメラ一台で取材に行けるんだから、フットワークだってどんどん軽くなっているし、失敗を恐れなくなるはずです。

私設ミュージアムのおもしろさは、個人の想いが暴走しているところ

――今回の『珍パク』で紹介しているミュージアムのなかで、都築さんが行かれたところはどこでしょ

うか？　また、その感想も教えてください。

伊豆の極楽苑の奥さんは先週、向島の大道芸術館に遊びに来てくれました。あそこに最初に行ったのは『珍日本紀行』のときだから、１９９０年代の前半ですね。それ以来、30年近くのお付き合いがあります。すごく親しいわけではないですが、何回か極楽苑へお邪魔したり、ドイツのテレビ局を案内して連れて行ったこともあります。

――伊豆極楽苑さんは、ご家族ですごく真面目に運営されているのが印象的でした。

超真面目ですよね。展示物も家族で手作りをして、それをずっと維持している。

――今は、息子さんが頑張っていらっしゃいました。

僕が会ったときは息子さんが中学生で、ときどき手伝っていると言っていましたね。「命と性ミュージアム」の受付の女性も、たまに大道芸術館に来てくれます。ここは比較的、最近オープンしたんですよね、このご時世に何を考えているのか（笑）。

――２００２（平成14）年にオープンですね。

あのあたりは、ちょっと変わった土地柄ですよね。すぐ近くに「珍宝館」という私設ミュージアムもあるし、ふたつのＨ系ミュージアムと水沢うどんのお店と伊香保温泉がひとつの道路でつながっている。もう、わけがわからないです（笑）。

――もうひとつ、「伊香保　おもちゃと人形自動車博物館」も同じ道沿いにあるんですよ。そこは私設ミュージアムのなかで、最も入場者数が多いとのことだったので、お話をうかがってきました。

そうなんですね！　自動車といえば、広島県の「福山自動車時計博物館」というのがあるのですが、そこもすごかったですね。地元でマンションチェーンを展開している企業の社長さんが作ったもので、クラシックカーと古い壁掛け時計、あとは蝋人形がいっぱいあるんですよ。吉田茂やマッカーサーの蝋人形と古い自動車を組み合わせて展示してあって、誰でも運転席に座って記念写真を撮れるんです。ここも変わっていて、おもしろいですよ。

あとは、ジャパン・スネークセンター、秩父珍石館、岩下の新生姜ミュージアムは行ったことがあります。岩下さんは新生姜ミュージアムとはまったく関係なく、音楽のライブで知り合ったんですよ。

——どなたのライブだったのでしょうか？

確か、新宿ゴールデン街の「裏窓」という小さなバーで行なわれた渋谷毅さん（＊3）のライブだったと思います。「栃木から仕事が終わったあとに来ている」と聞いて、驚いたのを覚えています。それからも、あちこちのライブ会場でちょくちょく会うようになって。「あっ！　またいる」みたいな（笑）。新生姜ミュージアムがオープンした後に、一度取材をさせてもらいました。岩下さんはすごく音楽が好きで、純粋な方という印象ですね。

——新生姜ミュージアムでも、さまざまなジャンルのライブを開催していましたね。アイドル系から、ジャズ、ノイズまでなんでもアリな感じでした（笑）。

岩下さんもそうですが、個人の想いというか熱量が大きいものがおもしろいですよ。公共のものではなく、どこかから援助を受けているわけでもなく、個人で頑張っているところ。そういうミュージアムって、地元では浮いている存在になっていることが多いんですよ（笑）。

以前、「まぼろし博覧会」の近くのペンションに泊まったことがあるんですが、宿のご主人に「ご旅行ですか？」と聞かれたんです。そこで、「まぼろし博覧会に行ってきたんです」と答えたら、「えっ！」と露骨に顔をしかめたんです。あのあたりは別荘地なんですけれど、通年住んでいるご年配の方もけっこういるので、上品な雰囲気を求めている人が多いんですね。なので、ペンションの方のすごく迷惑そうな顔が印象的でした（笑）。

——「まぼろし博覧会」なんかまさにそうですが、あのようなミュージアムは団体ではなく、個人じゃないと実現できなかったのかなと思います。

そうですよ。個人でやるってことは、たったひとりの意志ですよね。つまり、先ほどの話じゃないけれど、会議がないってことなんですよ。会議って、暴走を食い止めるだけのものだと思います。だから、オーナー兼運営者の思い込みで暴走するには、個人じゃないと無理なんですよ。ただし、それがうまくいく場合もあれば、ダメになっちゃうこともある。『珍パク』で紹介しているところは、比較的長く続いているところが多いですが、それは個人の想いの強度が、見る人に伝わっているからだと思いますよ。

あと、個人でやっていることはすばらしいんだけれど、見方を変えれば、その人がいなくなってしまったら、続けるのが難しいということです。

――確かにそうだと思います。どのミュージアムも後継者問題で悩んでいらっしゃいましたね。お子さんがいらっしゃる方でも、「継いでほしい」とは言いにくいとおっしゃっていました。

そりゃそうですよ。一生そこに縛られちゃうんですからね。

私設ミュージアムの大事な役割は行き場のない若者の受け皿

――今後は、そんな私設ミュージアムはなくなっていく運命なんでしょうか？

そんなことはないと思います。もちろん、なくなってしまうところもあるでしょうが、新しく誕生していくところもあるでしょう。いつの時代でも〝思い込みの強い人〟というのは確実にいますから。

ただ、それがリアル博物館になるのか、ネット上のものになるのかはわからないですけれど、なくなることはないと思います。逆に言えば、リアル博物館を運営するにしても、今なら交通網も発達しているし、ロジスティックスもアマゾンとかいろいろあるので、地方でも運営しやすいんじゃないかと思います。

——そうか、別に東京にこだわる必要はないんですよね。ネットで宣伝もできるわけですし。そういえば、鴨江ヴンダーカンマーの西川さんも「お客さんはほとんど県外の方」だとおっしゃっていました。

そうだと思いますよ。個人的に浜松には何人か知人がいますけど、あそこに行ったことがあるっていう人は聞いたことないです（笑）。この間、トークショーで呼んでいただいたときも、初めて来たっていう地元の方もいました。雰囲気的に知らないとなかなか入りにくいでしょう。

——でも、入ってみると珍しいものがたくさんあるし、西川さんが丁寧に説明してくれるので、すごく楽しいんですけれどね。

確かに頑張っていますよね。そういうところって、行き場のない若者たちが自然と集まるんですよね。地元で浮いている少年少女が引き寄せられるんです。

うちの大道芸術館もそうなんですけれど。昨日は近くのコンビニで働いている仲よしの娘が、成人式の晴れ着姿を見せに来てくれました。私設ミュージアムは、まわりとうまく馴染むことができない子、行き場がない子たちの受け皿になっている部分があると思います。

——自分もそっちのタイプだったので、すごくわかるような気がします。それって、すごくいいことですよね。

僕的には、そこが私設ミュージアムのいちばんよいところのような気がします。究極的に言えば、コレクションは単なる入り口に過ぎなくて、変わったものを何十年も集めている、変な大人のことを知りたいんだと思うんですよ。まぼろし博覧会に一日中いる子とかは、そんな感じなんじゃないでしょうか。でも、それはすごくためになることだと思いますよ。

——まさに鴨江ヴンダーカンマーも、そんな感じでした。西川さんのまわりには、若いサブカル好きの女の子たちが集まってきていました。

浜松では、居場所がないと感じている子たちが来るんでしょうね。でも、全国どこでもそうだと思いますよ。個人ミュージアムには、〝行き場のない人の溜まり場〟という大事な役割があるのかもしれないですね。

東京中心のヒエラルキーがどんどん崩れていく

――先ほどの、地方と東京の話ですが、地方で盛り上がっているなと感じるものってありますか？

一番は個人書店ですね。都会の大きな書店は潰れているかもしれないけれど、地方の小さな本屋はすごく増えています。大手書店では、新刊と古書は一緒に売れないじゃないですか。個人書店だとそれが可能だから、お客さんにとっても使い勝手がいいんですよね。よく「街の本屋がどんどん潰れていく」みたいな特集を目にするのですが、僕にとってみたら、はあっ?! という感じです。地方では小さいけれど、個性的な本屋が増えていることが目に入っていない。東京だけしか見ていないメディアというのは、本当にヤバイですよね。

――都築さんは全国各地の書店で、トークイベントをやっていらっしゃいますから、そういうことが肌感覚でわかるんですね。

トークイベントのお誘いを受けるときは、東京よりも地方のほうが断然うれしいんですよ。なぜなら、お客さんがめちゃくちゃ熱心に聴いてくれるからです。地方だとイベントの機会が少ないせいか、遠くからも来てくれたりして。イベント後の打ち上げも、すごく盛り上がります。

――確かに東京に住んでいると、「今日行かなくても、またそのうちあるだろう」と思っちゃったりするんですよね。これまでは、東京を中心に文化が発信されていましたが、その構図も崩れているのかもしれませんね。

それが、テレビ局や大きい出版社に勤めている人にはわからないんですよね。雑誌やフリーペーパーだって、地方は元気じゃないですか。そうなってきたのも、メディアを発信するコストが劇的に安くなったからですよ。印刷費もそうですし、動画配信なんか誰でもできるようになりましたよね。

――そういう意味では、これからの時代はもっといろいろな面で、おもしろくなっていく可能性がありますか?

むちゃくちゃおもしろくなってくると思いますよ。うちのメルマガ(*4)だって、寄稿してもらっている人の9割は、プロの文筆業ではありません。そういう人たちが、メルマガであれ、ZINEであれ、noteであれ、発表できる機会ができてきたというのは、本当に幸せな時代だと思います。大金稼ぐチャンスはないかもしれないけれど(笑)、好きなことを発表できるっていうのは、いい世の中ですよ。自分が20代や30代のときの環境と比べると、ちょっと羨ましいですね。

――確かにこの20~30年間で、メディア自体がドラスティックに変わってきた感じがします。

今も変わっている真っ最中だと思います。僕はギリギリ間に合ってよかったなって、いつも思います。僕より上の世代だったら、その変化についていくのが難しかったんじゃないですかね。

メディアに対する怒りと焦りが原動力

――都築さんは今まで珍スポットだけでなく、独居老人、スナック、ヒップホップなどさまざまなものに関心をもたれて、それを書籍やメルマガで発信されてきました。

そうですね、でも、根底にあるものはすべて一貫しているんです。たとえば、最初に作った写真集は『TOKYO STYLE』なんですけれど、そのきっかけは「日本のおしゃれなインテリアの本をアメリカで作るからロケーションを探してくれ」っていう依頼でした。それがすごく難しかったんです。だって、ほとんどの人は、おしゃれなインテリアなんて持っていなくて、狭くてごちゃごちゃした部屋に住んでいる。でも、それで別になんの問題もないんです。みんながリアルに住んでいる場所や好きなものは、メディアでは取り上げられない。つまり、それはメジャーではないということです。ただし、マジョリティなんです。そのころから、メジャーとマジョリティは違うということをすごく意識するようになりました。

――なるほど。

その後に『ROADSIDE JAPAN 珍日本紀行』を作ったんですが、日本の地方の9割は田舎ですよね。1割が京都や鎌倉などの名所旧跡だったりする。でも、田舎に住んでいる9割の人たちが、京都や鎌倉に住む人たちよりも劣った生活をしているのかというと、もちろん、そんなことはないわけです。メディアに取り上げられないから、なんとなくそう思われてしまう。そういうことがすごく許せなかったんです。そんな思いの延長線上で、いろいろなことをやっている感じです。

『天国は水割りの味がする 東京スナック魅酒乱』や『東京スナック飲みある記』という本を作ったのだって、スナックは日本でいちばん多い飲み屋の形態なのに、メディアはどこも取り上げない。今はコロナで少し状況が変わりましたが、全国のスナックの数はコンビニよりも多いんです。コンビニのない町はあるけれど、スナックのない町はなかった。スナックについて書かれた本なんて、いまだに玉袋筋太郎さんと僕の本しかないんですよ。

――根底には、メディアに対するアンチだったり、怒りだったりがあるわけですか？

怒りと焦りですね。正直なところ好きでやっているわけじゃないんですよ（笑）。スナックだって『dancyu』が特集してくれたら、僕も一読者で済むわけです。誰もやってくれないから、仕方なく自分でやっているだけです。ラップも同じです。『ミュージックマガジン』がラップをきちんと取り上げてくれたら、そのおすすめのCDを買って聴くだけで済むのに……。

――そういうマジョリティのカルチャーが、時代とともになくなってしまうことが、〝焦り〟ということですか?

そうです。たとえば、人生で一度ぐらいはラブホテルに行ったことがある人は多いと思うのですが、きちんとラブホテルを扱った本なんか見たことがないです。オフィシャルホテルの本は山ほどあるのに。現代詩だってそうです。今、いちばん読まれて売れている詩は、相田みつをだと思うんですよ。ところが彼の作品は、現代詩としても、書としても取り上げられない。好き嫌いは別にして、扱わないっていうのは卑怯だと思うわけです。

――確かに、居酒屋のトイレに入ると相田みつをのカレンダーをよく見ますね。

ホスピスのように死と向き合っている人が暮らす場所なんかでも、相田みつをの詩が掛かっていることが多いんですが、まったく無視されているわけです。そこで作ったのが『夜露死苦現代詩』という本です。その書籍を単行本から文庫本にするときに、詩人との喧嘩対談を付け加えたいと思いました。詩人や詩の評論家に依頼したんですが、ほとんどの方に断られて、最終的に谷川俊太郎さんだけが受けてくれました。意見は一致しませんでしたけれど(笑)。

――なるほど。そんな都築さんが今現在、興味をもたれているものは何でしょうか?

今は韓国ドラマですね。ここ数年は韓国ドラマしか見ていない、と言ってもいいです。

――具体的に、どんな作品を見ているのでしょうか?

韓国ドラマというと、「愛の不時着」や「イカゲーム」を思い浮かべる人が多いと思います。でも、韓国の普通のおばちゃんたちは、そんなのは見ていないですよ。もっとめちゃくちゃで、ドロドロの愛欲ドラマがおもしろいんです。裏切り、交通事故、記憶喪失、私生児、ビッチな財閥の女とか、あらゆるものが次々と出てくる。「マクチャンドラマ」っていうんですけど。

　マクチャンというのは、炭鉱の石炭を採掘する部分で、とんでもない事故が起きてしまうような「危険な場所」を意味するようです。そこから「先のない状態」、つまり、先の見えないジェットコースターのような急展開を見せる、ドロドロ愛憎劇のことをマクチャンドラマというんですね。だいたい1話が30分なのですが、120〜160話くらいあるので、一度見だすと大変ですよ。そんなドラマを3つか4つかけ持ちで見ていると、一日があっという間に終わってしまいます。

――おすすめのタイトルはありますか？

　ちょっと前に公開されたものですが、「福寿草」は名作ですよ。ぜひ時間があったら見てください。

――都築さんが次に何をやるんだろう？と、注目している人は多いと思うんですけれど。

　そんなことはないと思いますが……。日本の地方でもおもしろい場所はたくさんあるし、同じように世界の辺境でも、おもしろいことがたくさん起こっていると思います。

　今年で69歳になるのですが、いつまで動けるかもわからないので、動けるうちに、どこへでも行こうと思っています。

＊1　日本の田舎にある秘宝館や変わったオブジェなどの珍スポットを紹介した書籍。もともとは『週刊SPA！』誌上で1993年2月〜98年8月まで、238回にわたって連載された。

＊2　バブル期余韻が残る東京で、バブルなど関係のない庶民が住む「安くて狭くて乱雑な部屋」の写真集。一部の人の間ではカルト的な人気を誇る名著。

＊3　ジャズピアニストとして幅広く活躍。浅川マキ、高田渡、木村充揮、小沢健二などとのセッション、レコーディングにも数多く参加。作曲家としては数多くの映画音楽、CM音楽などを手がけ、NHKの子ども番組「おかあさんといっしょ」にも多くの作品を提供している。

＊4　都築響一さんが編集している週刊メールマガジン『ROADSIDERS' weekly』（月額購読料1100円）。

ご来館いただきまして、ありがとうございました。
実際にお会いできる日を楽しみにしております。

終わりに

取材を終えた後、さまざまな思いが頭の中を巡ったものの、それをうまく言葉にするのが難しかった。そんなとき、巻末のインタビューを引き受けてくださった編集者・都築響一さんに助けられた。帯にも抜粋したが、「究極的に言えば、私設ミュージアムのコレクションは単なる入り口にすぎなくて、変わったものを何十年も集めている、変な大人のことを知りたいんだと思うんですよ」という言葉には、思わず膝をポンと打つ鋭さがあった。

世間的の評価にはとらわれず、自分の好きなもの、夢中になれるものを追い求める〝珍パク〟の館長さんたちの姿は、少し大げさに言えば「こういう生き方もアリなんだ。人の目なんか気にしなくてもいいんだ」という勇気を与えてくれるものだと思う。

もし本書を読んで、「珍パクに行ってみたい！」と思った方がいたら、できるだけ早く足を運ぶことをおすすめする。紹介したミュージアムの多くは、館長がご高齢であり、体力的にも継続が難しくなる日が来るからだ。

そして、実際に訪れた際は遠慮せず、ぜひ館長に話しかけてほしい。珍パクは館長ひとり、もしくはごく少数のスタッフで運営されていることが多く、展示物の説明文等が充分に整っていないことがある。だからこそ、気になるものがあれば「これは何ですか?」と尋ねてみてほしい。よほど忙しくないかぎり、熱意を込めて、それについて語ってくれるはずだ。むしろ珍パクの醍醐味は、そうした〝館長たちのマニアックなおしゃべり〟にこそある。

本書が読者のみなさんにとって、新たな世界への入り口となることを願っています。

大関直樹

大関直樹 おおぜき・なおき

1968年、北海道生まれ。小学生から中学生にかけてはボーイスカウト、高校生のときはワンダーフォーゲル部に所属。大学卒業後は紆余曲折を経て、20代後半からフリーライターに。『山と溪谷』などの山岳雑誌や小学生向けの科学雑誌などで執筆。主な共著に『上高地ハイキング案内』（山と溪谷社）、『150％パニック！絶対ダマされる!? からだマジック』（汐文社）など。30年来の趣味は競輪。

ヤマケイ新書

珍パク

関東近郊マニアック博物館の世界

YS075

2025年4月5日 初版第1刷発行

著者　大関直樹

発行人　川崎深雪

発行所　株式会社 山と溪谷社
〒101-0051
東京都千代田区神田神保町1丁目105番地
https://www.yamakei.co.jp/

印刷・製本　株式会社 シナノ

■ 乱丁・落丁、及び内容に関するお問合せ先
山と溪谷社自動応答サービス TEL 03-6744-1900
受付時間／11:00〜16:00（土日、祝日を除く）
メールもご利用ください。
【乱丁・落丁】service@yamakei.co.jp
【内容】info@yamakei.co.jp

■ 書店・取次様からのご注文先
山と溪谷社受注センター
TEL 048-458-3455
FAX 048-421-0513

■ 書店・取次様からのご注文以外のお問合せ先
eigyo@yamakei.co.jp

*落丁・乱丁本は送料小社負担でお取り換えいたします。

Printed in Japan　ISBN978-4-635-51086-8